Heinz R. Wittner

Mit Kindern unterwegs

Im Pfälzerwald

Fleischhauer & Spohn Verlag

Titelbild: Felsenburg Drachenfels

Bildnachweis: Alle Aufnahmen stammen vom Autor

Umschlaggestaltung, Layout und Kartenskizzen wurden von Rainer Wittner, Gestaltung, Goethestraße 101, 67435 Neustadt, angefertigt.

Gesamtgestaltung: Laub GmbH & Co., 74834 Elztal-Dallau

ISBN 3-87230-565-4

Inhalt

„Mit Kindern unterwegs im Pfälzerwald"

Nach seinem großen Erfolg „Mit Kindern in der Pfalz" hat Heinz Wittner nunmehr eine zweite Zusammenstellung von hoch attraktiven Ausflugsvorschlägen vorgenommen. Mit den Erlebnisausflügen für alle Jahreszeiten in und um den Pfälzerwald führt uns der Autor in interessante Landschaften.

Kurzweilige Spielvorschläge sind verknüpft mit der fesselnden pfälzischen Geschichte, mit Burgen und Schlössern, Rittern und Feen; das „Naturerlebnis Wald" wird uns lebendig vor Augen geführt. Ausgesuchte kulturelle „Highlights" für unseren Familiennachwuchs sind Garantie dafür, dass die Eltern den bekannten Spruch nicht hören werden: „Mama, ist das hier langweilig, – Papa, wie lange müssen wir noch gehen?"

Der aufkommende Hunger und Durst wir nicht zur Plage, denn unser Wanderführer verweist immer wieder auf familiengerechte Einkehrmöglichkeiten, wie z. B. auf die zahlreichen Waldhütten des Pfälzerwald-Vereins, wo sich oft ein Kinderspielplatz befindet, so dass sich die Eltern auch einmal zurücklehnen können, um neue Kraft zu schöpfen.

Jede Familie findet mit den hier geschilderten Ausflügen Erholung, eine sinnvolle Freizeit und den sicherlich naturverbundenen Ausgleich, den wir alle ein einem vom Berufsstress und Zivilisationslärm geprägten Alltag dringend benötigen.

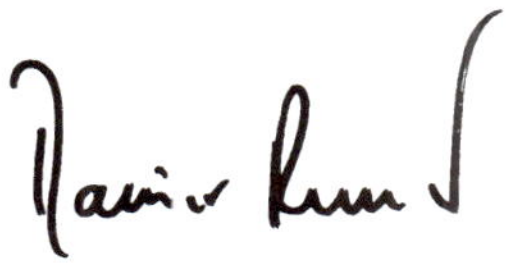

Rainer Rund
Regierungspräsident a. D.
Vorsitzender des Pfälzerwald-Verein

Mit Kindern unterwegs

Kinder stellen an ihre Eltern bestimmte Ansprüche. Gemeint sind hier nicht die auf den Konsum bezogenen, sondern die auf die Freizeit bezogenen Ansprüche. Was ist damit gemeint?

Die meisten Familienausflüge sind auf die Bedürfnisse der Erwachsenen zurechtgeschnitten. Kinder haben andere Wünsche als ihre Eltern. Sie wollen unterwegs die Möglichkeit haben ausgiebig zu spielen, sie wollen plantschen, wenn Wasser sich anbietet und wenn etwas ihr Interesse weckt, wollen sie schauen, länger als Erwachsene. Unser Nachwuchs will aktiv sein. Passivität ist für ihn gleichbedeutend mit Langeweile. Wenn ein Familienausflug keine Pleite werden soll, muss man sich rechtzeitig auf diese Gesichtspunkte einstellen.

Ähnlich wie bei Familienausflügen verhält es sich bei Wanderungen der Wandervereine. Auch sie sind im Allgemeinen auf die Erwachsenen abgestimmt. Doch vollzieht sich hier seit Jahren ein erfreulicher Wandel. Immer öfter werden jungen Familien spezielle Angebote unterbreitet.

Um Eltern, aber auch Vereinen erprobte Rezepte an die Hand zu geben, wurde dieses Buch geschrieben. Alle darin beschriebenen Erlebnisausflüge sind mit Kindern erprobt. Es kam dabei schon einmal vor, dass ich mir etwas vorgestellt habe, was bei den Kindern keinen Anklang fand. Es wurde aus dem Buch verbannt. Da Schnee in der Pfalz zu den Seltenheiten gehört, ist im Pfälzerwald auch im Winter Wander- und Ausflugszeit. Somit soll dies auch ein Buch für alle Jahreszeiten sein. Das Erleben für Kinder wurde in den Vordergrund gestellt. Spielen und spielerisch erforschen in und um den Pfälzerwald soll das Ziel dieses Buches sein.

Viel Spaß für Sie und Ihre Kinder wünscht Ihnen

Heinz R. Wittner

Besuch im Tierpark Kaiserslautern-Siegelbach

Tiere erfreuen sich bei Kindern wie bei Erwachsenen großer Beliebtheit, egal ob es sich um einheimische oder exotische Tiere handelt. Während man einheimische Tiere recht gut unter einigermaßen natürlichen Bedingungen zeigen und halten kann (siehe Kapitel 7), sieht es bei exotischen Tieren immer noch etwas anders aus. Ein Beispiel hierfür ist der Tierpark im Kaiserslauterer Stadtteil Siegelbach. Man gibt sich dort alle Mühe, die Tiere einigermaßen artgerecht zu halten, doch ist das bei unseren klimatischen Bedingungen nicht immer möglich. Aber in Siegelbach ist man, trotz beschränkter finanzieller Mittel, immer dabei, die Unterbringungsmöglichkeiten der Tiere zu verbessern. Insbesondere Familien mit Kindern honorieren diese Anstrengungen.

Der Weg zum Tierpark, der in ein ausgedehntes Waldgebiet eingebettet ist, kann leicht gefunden werden, gleich ob man mit dem Auto oder mit dem Bus anreist. Vom Parkplatz in der Ortsmitte von **Siegelbach** geht man an drei idyllischen Weihern entlang, auf denen sich Enten und Schwäne tummeln und wie sollte es anders sein, auch um Futter betteln. Diese Weiher weisen Schilfgürtel auf, die weiteren Tieren zur Heimstatt werden. Nach etwa 10-minütigem Spaziergang steht man am Eingang des **Tierparks**. Links davor befindet sich ein ausgedehnter Rastplatz mit einer Grillhütte.

Gleich am Eingang empfangen uns die putzigen Waschbären, bei denen man in das „Schlafzimmer“ hinein schauen kann. Sie sind längst eine in Deutschland heimische Tiergattung. Da sie aber nachtaktiv sind, bekommt man sie nur äußerst selten zu sehen. Gleich dahinter trifft man den Sibirischen Tiger und als Nachbarn die stattlichen Löwen. Auf einer Wiese tummeln sich exotische Schafe – oder sind es doch Ziegen? Und wenn man Glück hat, schlägt der farbenprächtige Pfau ein Rad. Nach den Perlhühnern entdeckt man die Zebras. Im neuen Warmhaus – drinnen ist es wirklich tropisch warm – begegnet man frei fliegenden Schmetterlingen und Vögeln. Hier sind auch Kleintiere und Reptilien untergebracht. Daneben gibt es Terrarien mit Insekten und Aquarien sowie ein Fisch-Streichelbecken. Besonderer Beliebtheit bei den Kindern erfreuen sich die Wüstenrennmäuse. Zu den nicht giftigen Schlangen zählen die Königs- und die riesige Tigerpython.

Beim Anblick der Vogelspinnen und Skorpione bekommt man unwillkürlich eine Gänsehaut und ist froh, dass sie sicher hinter Glas untergebracht sind. Neugierig blickt der grüne Leguan vom Baum herab. Im Außenbereich bereiten die Krallenäffchen und Weißkopfmakis –

sie kommen nur auf Madagaskar vor – den Kindern besondere Freude.

Gegenüber sind die zu den Straußen zählenden Nandus zu sehen. Neben den exotischen Zeburindern kommt man zu den Kamelen, Dromedaren und Lamas, die angeblich spucken. Also: Acht geben! In ihrem eigenen Weiher ziehen die schwarzen Schwäne gemächlich ihre Bahnen. Ulkig sehen die Mähnenspringer aus, eine Tierart, die in der Sahara lebt. Mit ihren langen Mähnen kehren sie den Boden. Sie zählen zu den Ziegen. Sichtlich zu klein ist das Gehege für die Pumas.

Seltsame Vögel: das pfälzische Fabeltier Elwetrittsche

Für die Kleinen ist ein Naturerlebnispfad angelegt. In verschiedenen Tastboxen kann man mit den Fingern erfühlen, was darin versteckt ist. Etwas exotisch wirken die einzigen einheimischen Tiere, die beiden Elwetrittschen, die geheimnisvollen und sagenumwobenen Fabeltiere der Pfalz (nähere Erläuterung im Kapitel 15). Die hier sichtbaren Exemplare, wurden ebenso wie die Neustadter Tiere, von Prof. Gernot Rumpf gestaltet.

Die Kräuterspirale mit allen möglichen Würz- und Küchenkräutern wird wohl nur die Erwachsenen interessieren. An einer Insektenwand und einem Bienenhaus kann man die Gewohnheiten dieser Tiere beobachten.

Um die Spielplätze im Bereich des Ausgangs sind die bei Kindern besonders beliebten Tiere gruppiert, wie die bunten Meerschweinchen, Hauskaninchen und Esel. Zu den Wildschweinen zählen die in Süd- und Mittelamerika lebenden Halsbandpekaris. Hier findet sich eine große Artenvielfalt von Hühner- und Taubenarten, wie die Silber- und Goldfasane.

Wie kommt man nach Siegelbach?
Mit dem Bus: Aus Kaiserslautern und Weilerbach.
Mit dem Auto: Auf der A 6 bis zur Abfahrt Kaiserslautern West, dann in Richtung Weilerbach, jedoch gleich darauf nach Siegelbach abzweigen. Gleich aus welcher Richtung man kommt, die Anfahrt zum Parkplatz „Tierpark“ in der Ortsmitte ist gut gekennzeichnet.

Weglänge:	vom Parkplatz zum Tierpark und zurück etwa 1,5 km

Tierpark Kaiserslautern-Siegelbach

Auskünfte:	Gesellschaft zur Förderung des Tierparks, Zum Tierpark 10, 67661 Kaiserslautern-Siegelbach, Telefon 0 63 01/23 28	
Öffnungszeiten:	April bis August	
	täglich	8.30 - 18.30 Uhr
	September bis März	
	täglich	9.00 - 17.00 Uhr
Eintrittspreise:	Erwachsene	DM 5,00
	Kinder 4 bis 14 Jahre	DM 2,00
	Schüler, Studenten	DM 2,50
	Familienkarte	DM 10,00
	Gruppenermäßigung	

Einkehr:	Speisegaststätte „Zum Tiergarten“ oder in Siegelbach.

Kartenempfehlungen:
1 : 25 000 Topografische Karte mit Wanderwegen, Naturparkkarte P4 „Kaiserslautern-Nord“
1 : 200 000 Generalkarte Blatt 15

2 Mit dem Motorrad in die Kirche

Besuch des Motorradmuseums in Otterbach

Was macht man, wenn die Kirche zu klein geworden ist, weil die Kirchengemeinde zu groß geworden ist? Ganz einfach! Man erweitert die kleine Kirche oder man reißt sie ab und baut eine größere. Wenn aber der Platz zu klein ist, um zu vergrößern? Ganz einfach! Man sucht einen größeren Bauplatz und baut neu. So geschehen im pfälzischen Dorf **Otterbach** bei Kaiserslautern. Was macht macht man mit der alten, zu kleinen Kirche, wenn sie unter Denkmalschutz steht und nicht abgerissen werden darf? Ganz einfach! Man macht daraus ein **Motorradmuseum**. So geschehen im pfälzischen Dorf Otterbach.

Doch, wie kam es dazu? In Otterbach lebte bis vor wenigen Jahren ein Motorrad-Rennfahrer, Heinz Luthringshauser. Er war sehr erfolgreich, wurde mehrfach deutscher Meister und brachte es sogar bis zum Vizeweltmeister. Luthringshauser suchte eine passende Unterkunft für seine Rennmaschinen und für eine Sammlung von alten Motorrädern und fand sie in der damals leer stehenden Kirche.

Was hier in fast bedrängender Enge zu sehen ist, lässt die Herzen der Väter, aber auch der Kinder (nicht nur der Söhne) höher schlagen. Im Mittelpunkt stehen zwar die Renn- und Sandbahnmaschinen, mit denen Luthringshauser seine Erfolge errang, doch das Gros umfasst seine riesige Sammlung von Motorrädern und er war auch auf diesem Sektor erfolgreich – als Sammler. Für viele ist das „Steher-Motorrad" etwas Außergewöhnliches. Mit ihm wurden so genannte Steher-Fahrradrennen gefahren. Die Radfahrer fahren dabei im Windschatten des Motorradfahrers.

Berühmte Marken, wie BMW, Zündapp, Horex, DKW und NSU lassen Väter in Nostalgie schwelgen – wohl kaum in Erinnerung, denn welcher junge Vater hat diese Maschinen noch persönlich gefahren oder fahren sehen? Man erblickt viele Marken, die heute schon vergessen sind, wie Aermacchi, UT oder Nymbus. Wanderer und Miele waren auf kleinere Motorräder spezialisiert. Miele ist heute noch bekannt als Hersteller von Haushaltsgeräten und so fing die Firma auch an, während Wanderer früher große Autos fabrizierte und in der Auto-Union aufging. Außenseiter waren Fahrräder mit Hilfsmotor, zum Beispiel Lohmann mit 0,5 PS und 18 Kubikzentimeter Hubraum oder das Dürrkop-Fahrrad mit Kardanwelle. Neuerdings besinnt man sich wieder auf diese fast vergessenen Techniken.

Wenn Sie den Weg in die (frühere) Kirche mit dem „Himmelreich" verbinden wollen, so wählen Sie den jeweils dritten Sonntag im Monat. Warum? Nur an diesem Tag ist die **Hütte des Pfälzerwald-Vereins Otterbach** „Im Himmelreich" geöffnet. Gegenüber vom Motorradmuseum leitet uns die *„grün-gelbe"* Markierung in

Eine Kirche? – Nein, ein Motorradmuseum!

nördlicher Richtung in etwa 20 bis 25 Minuten bei leicht ansteigendem Weg zur Hütte. Für den Rückweg nimmt man den gleichen Weg oder, wenn man mit dem Zug angereist ist, die Markierung *„blaues W"*. Sie führt direkt zum Bahnhof Otterbach.

Wie kommt man nach Otterbach?
Mit Bahn, Bus und Auto: Otterbach liegt an der Strecke Kaiserslautern – Lauterecken (Straße B 270).
Parkmöglichkeiten: unmittelbar bei der Kirche

Weglänge:	vom Bahnhof zum Museum hin und zurück 2 km vom Motorradmuseum zur „Hütte im Himmelreich" und zurück etwa 1,5 km; zum Bahnhof 2 km

Motorradmuseum Otterbach

Auskünfte:	Telefon 0 63 01/23 67	
Öffnungszeiten:	sonn- und feiertags	10.00 - 12.00 Uhr
	und	14.00 - 18.00 Uhr
	Hat über das Winterhalbjahr geschlossen.	
Eintrittspreise:	Erwachsene	DM 3,00
	Kinder bis 14 Jahre	DM 1,50
	Gruppen ab 15 Personen	DM 2,00
	Kinder in Begleitung ihrer Eltern sind frei!	
Einkehr:	„Waldhaus am Himmelreich" in Otterbach, geöffnet im März bis Oktober jeden 3. Sonntag von 10.00 - 18.00 Uhr	

Kartenempfehlungen:
1 : 25 000 Topografische Karte mit Wanderwegen, Naturparkkarte P4 „Kaiserslautern-Nord"
1 : 200 000 Generalkarte Blatt 15

Ein Zirkusmuseum im Enkenbacher Ortsteil Alsenborn

Wo gibt es ein Museum, das Tag und Nacht geöffnet ist und dazu noch nicht einmal Eintritt kostet? Vermutlich nur in Enkenbach-Alsenborn und zwar im Ortsteil Alsenborn. Es steht in der „Rosenhofstraße" (Hauptstraße vom Bahnhof in die Ortsmitte von Alsenborn) und ist leicht zu übersehen. Von außen sieht es aus wie ein kleines Feuerwehrhaus. Doch, was ist das? Aus dem Turm tritt ein Artist auf einem Schlaffseil.

Wie kommt ein Zirkusmuseum nach Alsenborn? Ganz einfach! Der Zirkus kam von Alsenborn. Genauer gesagt, eine große Zahl von Artisten und Zirkusbesitzern. Darunter sind so weltberühmte Namen, wie Althoff, Bügler, Schramm, Frank und die Hochseilartisten Traber. Der Zirkus Althoff schlug noch in den Jahren nach dem 2. Weltkrieg in Alsenborn regelmäßig sein Winterquartier auf. Den Zirkusnamen Bügler gibt es heute immer noch. Unter diesem Namen existierten früher zu gleicher Zeit mehrere Zirkusunternehmen Bügler, die alle auf den selben Urvater zurück gingen.

Dieses kleine Museum soll an die einst weltberühmten Namen und das Dorf erinnern, aus dem sie kamen. Hinter einer schlagsicheren Scheibe ist ein Mini-Zirkus aufgebaut, in den man hinein schauen kann. Hier ist alles vorhanden, was zu einem richtigen, großen Zirkus gehört.

i

Wie kommt man nach Enkenbach-Alsenborn?
Mit der Bahn: Enkenbach-Alsenborn liegt an der Strecke Kaiserslautern – Bingen.
Mit dem Bus: Auch aus Richtung Grünstadt – Eisenberg.
Mit dem Auto: Auf der B 48 (Bad Bergzabern – Bad Kreuznach) in der Ortsmitte von Enkenbach an die Wegweisung in den Ortsteil Alsenborn halten; dort auf der Hauptstraße („Rosenhofstraße") in Richtung Ortsmitte fahren bis zum Museum.
Parkmöglichkeiten: unmittelbar beim Museum.

Weglänge: vom Bahnhof zum Museum hin und zurück 3 km

Zirkusmuseum Alsenborn
Öffnungszeiten: täglich 9.00 - 18.00 Uhr

Eintritt: frei

Einkehr: in Alsenborn

Kartenempfehlungen:

1 : 25 000 Topografische Karte mit Wanderwegen, Naturparkkarte P5 „Enkenbach-Alsenborn, Hochspeyer“

1 : 200 000 Generalkarte, Blatt 15

Wanderung zu historischen Stätten bei Wilgartswiesen

Wie fing der Mensch in früheren Zeiten Wölfe und andere Tiere? Er grub ein großes und tiefes Loch, legte einen Köder hinein, zum Beispiel ein Stück Fleisch, deckte das Ganze mit Zweigen ab und wartete. Der Wolf wurde durch den Geruch des Köders angelockt und da er das Loch nicht sehen konnte, fiel er hinein und war gefangen. So fing man schon in der Steinzeit und noch im 19. Jahrhundert Tiere. Den letzten Wolf sah man im Dezember 1906 in der Pfalz. Seither gilt er als ausgerottet. Ein besonders gut erhaltenes Exemplar einer Wolfsgrube kann man sich heute noch bei Wilgartswiesen ansehen.

Ob die Steinzeitmenschen, die bei Wilgartswiesen unter Felsüberhängen, so genannten Abris, hausten, schon auf diese Weise Wild fingen, wissen wir nicht, es ist jedoch anzunehmen. Im Weidental östlich des Dorfes konnte durch Grabungen nachgewiesen werden, dass die dortige Höhle von der Mittleren Steinzeit bis in die allerjüngste Zeit bewohnt oder benutzt wurde. Bereits etwa 6 000 Jahre vor unserer Zeitrechnung war die Höhle Wohnstätte. Die reichen Funde zeigen, sie war über einen sehr langen Zeitraum bewohnt. Mit Unterbrechungen lebten hier bis zur Hallstattzeit, etwa 500 v. Chr., Menschen. Danach schien sie eine längere Zeit in Vergessenheit geraten zu sein.

Erst im Mittelalter wurde sie wieder benutzt. Damals hat man den Höhleneingang mit einer Mauer verschlossen. Funde von Gefäßscherben lassen darauf schließen, dass hier vom Ende des 10. bis in das 16. Jahrhundert Menschen lebten. Einzelfunde, darunter auch Münzen, belegen, die Höhle wurde bis zum Ende des 18. Jahrhunderts immer wieder benutzt, aber nicht auf Dauer bewohnt. Nichts mit dem steinzeitlichen oder mittelalterlichen Leben haben die Funde aus der zweiten Hälfte des 20. Jahrhunderts zu tun. Die Höhle wurde in der Neuzeit immer wieder zum Grillen benutzt oder besser gesagt, missbraucht.

Die Gegend um Wilgartswiesen weist eine reiche geschichtliche Vergangenheit auf. Hier findet man die Reste einer der ältesten Burgen, wenn nicht gar der ältesten Burg der Pfalz. Ihr ursprünglicher Name ist nicht mehr bekannt. Ihr heutiger Name Wiligartaburg soll an die Gräfin Wiligarta aus dem salischen Geschlecht der Bliesgaugrafen erinnern, die hier im Jahr 828 einen großen Teil ihres Besitzes dem Kloster Hornbach geschenkt hat.

Die Wiligartaburg ist keine Ruine, wo man sich noch unschwer das Ritterleben vorstellen kann. Im Gegenteil, nur nach intensiver Suche findet man sehr spärliche Mauerreste. Bis vor wenigen Jahrzehnten war man der Überzeugung, dass der mächtige Felsen nur eine Holzburg trug. Heute weiß man es besser: Es war eine gemauerte Burg. Doch, warum ist von ihr so wenig erhalten geblieben? Sie gehörte zu den vier Burgen im Besitz der Grafen von Saarbrücken (sie waren Nachfahren der Bliesgaugrafen), die Kaiser Friedrich Barbarossa gegen Ende des 12. Jahrhunderts zerstören ließ. Bei Ausgrabungen konnte man drei Bauperioden feststellen, vom 9. bis zum 13. Jahrhundert, als ihre endgültige Zerstörung stattfand. Die Wiligartaburg wurde danach nie mehr aufgebaut und diente als (verbotener) Steinbruch.

Auf einer nicht allzu anstrengenden Wanderung von etwa neun Kilometer Länge kann man 8 000 Jahre Geschichte erwandern. Ausgangspunkt ist die **Ortsmitte von Wilgartswiesen**. Der Weg ist durchgehend mit einem *schwarzen W auf weißem Grund* gekennzeichnet. Wir folgen in nördlicher Richtung dem Verlauf der „Herrengasse". Nach den letzten Häusern steigt das Sträßchen allmählich an. Nach ziemlich genau einem Kilometer sehen wir rechts am Weg einen Felsblock mit der Inschrift „Wolfsgrube 105 Schr. -->". Der Pfeil soll die Richtung anzeigen, aber der Weg verzweigt vierfach. Doch, welcher Weg ist der richtige? Damit Sie nicht zu suchen brauchen, sei es Ihnen verraten: Es ist der ganz rechte mit dem schwarzen „*W*". Jetzt, da man es weiß, könnte man nachzählen, ob es wirklich 105 Schritte sind.

„Wölfe" in der Grube

Nach der Rechtskurve sehen wir rechts am Weg eine mit Sandsteinen ausgemauerte runde Grube, die Wolfsgrube. Nicht jede Wolfsgrube war so aufwändig gebaut. Die meisten waren einfache, mit dem Spaten oder der Schaufel ausgehobene Löcher. Der „luxuriösen Ausgestaltung" verdanken wir es, dass diese Wolfsgrube bis heute erhalten blieb.

Der Weiterweg ist weitgehend eben oder sanft ansteigend. Bald öffnet sich der Wald. Rechts unter uns sehen wir Wilgartswiesen und auf der gegenüberliegenden Talseite den grotesken Bavaria-Felsen. Etwa eine knappe Dreiviertelstunde nach der Wolfsgrube mündet von links ein Waldweg ein. Hier gehen wir rechts den „August-Hinkel-Pfad" hinunter in einen Taleinschnitt. Schon nach wenigen Schritten plätschert eine muntere Quelle aus einer Felswand, die im Sommer eine willkommene Erfrischung spendet. Am unteren Ende des Tälchens tauchen links über uns wuchtige Felskolosse auf. Zu einem von ihnen wollen wir hinaufsteigen. Dazu biegen wir vor dem Fischteich links ab.

Nach wenigen Minuten sind wir oben. Ein interessantes, auf kleinen Säulen ruhendes Felsgebilde weckt unsere Aufmerksamkeit. Kinder können durch die Höhlen oder unter die Überhänge kriechen. Doch wegen dieses Felsens sind wir nicht heraufgestiegen. Der riesige Felsklotz davor ist unser Ziel. Darauf erhob sich einst die **Wiligartsburg.** Ein Holzsteg überbrückt einen tief in den Felsen geschroteten Graben. Hier befand sich einst die Zugbrücke, über die man in die Burg gelangte. Ein in den Felsboden eingemeißelter Graben zeigt uns, dass hier einst eine Mauer stand. Rechts öffnet sich eine kleine Felskammer. In ihr hatten sich die Burgwächter eingerichtet.

Oben ist Fantasie gefragt. Uns erwarten hier keine spektakulären Ruinen. Nein, ganz im Gegenteil. Man muss hier auf die Spuren achten, die in den Felsen gemeißelt sind. Nur sie verraten uns, wo sich einst Wände und Kammern befanden. Mit einem Rost ist die ehemalige Zisterne abgedeckt, die der Wasserversorgung der Burgbewohner diente.

Auf dem gleichen Weg kehren wir in das Tal zurück und wenden uns auf dem Sträßchen nach rechts. Etwa eine Viertelstunde später öffnet sich rechts ein Taleinschnitt. Hier biegen wir ohne Markierung rechts ein, gehen am Waldrand entlang. Nach einer Jagdhütte geht es nochmals rechts und gleich darauf links. Nach etwa 80 Metern stehen wir vor einem wuchtigen Felsmassiv, das sich um eine Bergecke herumzieht. Zu der Urmenschenhöhle müssen wir den Hang hinaufsteigen. Es ist also ein wenig Spürsinn gefragt. Schließlich haben die Urmenschen aus Sicherheitsgründen versteckte Höhlen bevorzugt.

Nach erfolgreicher Höhlensuche gehen wir wieder auf den mit dem „*W*" gekennzeichneten Talweg zurück und wandern auf das vor uns liegende Wilgartswiesen zu. Unmittelbar vor dem zweiten Haus geht links ein Pfad ab. Er leitet uns hinter den Häusern entlang zur **Ortsmitte** zurück.

Wie kommt man nach Wilgartswiesen?
Mit der Bahn: Wilgartswiesen ist Bahnstation an der Strecke Karlsruhe – Landau – Pirmasens.
Mit dem Auto: Wilgartswiesen liegt an der B 10 zwischen Landau und Pirmasens und ist aus beiden Richtungen ohne Ortsdurchfahrt zu erreichen.

Weglänge: etwa 9 Kilometer

Einkehr: in Wilgartswiesen

Kartenempfehlungen:
1 : 25 000 Topografische Karte mit Wanderwegen, Naturparkkarte P11 „Hauenstein und Umgebung“
1 : 200 000 Generalkarte Blatt 18

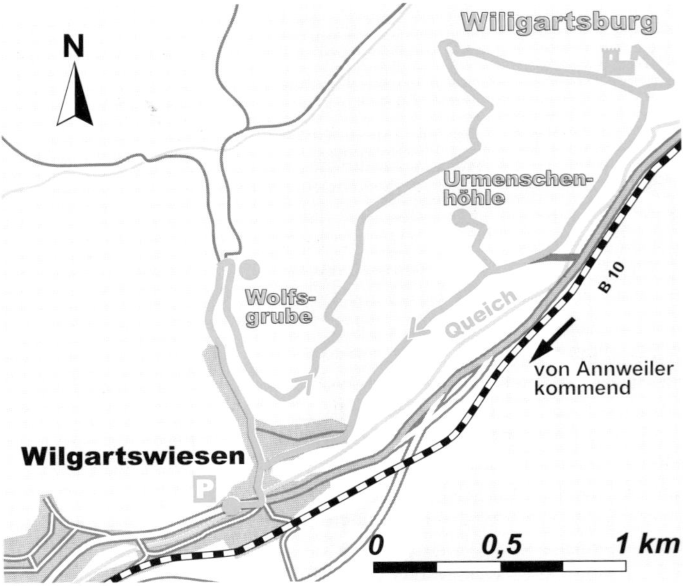

Wanderung zur Ruine Falkenburg bei Wilgartswiesen

Westlich von Wilgartswiesen erhebt sich ein Berg, der nur aus einem riesigen Felsen zu bestehen scheint. Man braucht keine Fantasie, um sich vorzustellen, dass Wander- und Turmfalken das unzugängliche Felsmassiv mit ihren Horsten besiedelt hatten. Die Menschen gaben ihm deshalb den Namen Falkenberg. Ende des 12. Jahrhunderts wurde der Felsen den namengebenden Falken entrissen, um auf ihm eine Reichsburg zu errichten. Sie sollte dem Schutz des nördlich davon vorbeiziehenden wichtigen Handelsweges dienen. Noch wichtiger war eine andere Funktion: Die Verwaltung, der Schutz und die Nutzung der Frankenweide. Die Frankenweide war ein unvorstellbar großes, unbesiedeltes Waldgebiet, das dem jeweiligen Reichsherrscher direkt unterstand.

Da der Kaiser dieses Gebiet nicht selbst verwalten konnte, setzte er die Grafen von Leiningen und Zweibrücken-Bitsch als Schutzvögte (Verwalter) ein. Als er in Geldnöten kam und das war bei deutschen Herrschern ein Dauerzustand, verpfändete er das Waldgebiet an die beiden Vögte. Anscheinend konnten die deutschen Herrscher dieses Pfand nicht mehr einlösen. Später übernahmen die Pfälzer Kurfürsten den Anteil der Zweibrücker Grafen und übergaben ihn bei der Erbteilung im Jahr 1410 an die Zweiglinie der Herzöge von Pfalz-Zweibrücken und daran änderte sich nichts mehr bis nach der Französischen Revolution (1789) Frankreich die Pfalz besetzte. Bleibt nur noch zu erwähnen, dass sich der Name der Burg in Falkenburg wandelte.

Die Herzöge von Pfalz-Zweibrücken wohnten nie selbst auf der Falkenburg. Zweiglinien ihrer „Teilhaber", der Grafen von Leiningen, residierten vor dem 30-jährigen Krieg (1618-1648) zeitweilig hier oben. Als gräfliche Wohnburg musste die Falkenburg auch repräsentativen Zwecken dienen und wurde dementsprechend großzügig ausgebaut.

Daneben war sie Verwaltungssitz für das „Amt Falkenburg". Als Verwalter fungierten die leiningischen und zweibrückischen Amtmänner. Man kann ihre Tätigkeit in etwa mit der eines heutigen Landrates vergleichen. Man stelle sich das doch einmal vor, ein Landrat müsste heutzutage seine Amtsgeschäfte hoch oben auf einem fast unzugänglichen Felsen ausüben, der nur zu Fuß oder mit dem Pferd zu erreichen ist. Nicht auszudenken! Damals mussten sie es, zumindest bis 1795.

Ob die Falkenburg im 30-jährigen Krieg ernsthaft beschädigt wurde, weiß man nicht genau. Erst im Orleanischen Erbfolgekrieg wurde sie 1680 von französischen Truppen eingenommen und 1689 von dem französischen General Monclar gesprengt. Wie so viele Burgruinen, diente auch die Falkenburg als Steinbruch. Nachdem auch die letzten Mauerreste einer „Wiederverwertung" zugeführt waren, heute würde man dies Recycling nennen, war der Burgfelsen mehr als einhundert Jahre nicht mehr besteigbar, sodass die Falken wieder oben nisten konnten. Erst 1926 baute die Ortsgruppe Wilgartswiesen des Pfälzerwald-Vereins eine hölzerne Treppe. Seither kann man wieder die Reste der Burg erforschen, die Aussicht genießen und sich wie im Horst des Falken fühlen.

Zur Besteigung des Burgfelsens bieten sich, je nach Lust und Laune, mehrere Möglichkeiten. Wer wandern will folgt dem neun Kilometer langen, mit einem *„F"* markierten Rundweg. Ausgangspunkt ist die **Ortsmitte von Wilgartswiesen**. Wir folgen in nördlicher Richtung dem Verlauf der „Herrengasse". Nach den letzten Häusern steigt das Sträßchen allmählich an. Nach ziemlich genau einem Kilometer sehen wir rechts am Weg einen Felsblock mit der Inschrift „Wolfsgrube 105 Schr. -->". Zur Wolfsgrube geht es scharf rechts herum (siehe Kapitel 4).

Wir wählen an der Wegverzweigung den halb links leicht ansteigenden asphaltierten Weg am Wasserwerk vorbei. Gleich darauf, an der nächsten Gabelung, gehen wir nochmals halb links weiter. Unser Weg steigt sanft bis leicht. An einer Wegspinne bietet sich eine offene Schutzhütte zum Rasten an. Jetzt geht es ohne nennenswerte Höhenunterschiede weiter. Etwa eine Viertelstunde später gibt es noch einmal einen Rastplatz: Rechts oberhalb des Weges lädt die Sitzgruppe „Wasgau-Blick" zum Verweilen und zum Genießen der Aussicht ein.

Kurz danach kommen wir zur Kreisstraße, die zum Hermersbergerhof führt. Wenige Meter davor folgen wir links dem Pfad, der anfangs parallel zur Straße verläuft. Später geht es kräftig bergab. Wo wir zum zweiten Mal die Straße berühren (Parkplatz), biegen wir links ab. Hier steht ein Stein mit dem Hinweis *„Alte Straße - Falkenburger Steige"*. Wir befinden uns jetzt im früheren gräflich-leiningischen Tiergarten, in dem für die Grafen Jagdwild gehalten wurde.

Achtung! Bei einer Sitzgruppe geht es links weiter und gleich darauf wieder rechts. Hier heißt es nochmals aufpassen! Wir nehmen nicht den ersten Pfad, sondern den 10 Meter weiter links beginnenden Weg. Schon bald befinden wir uns zwischen zwei Felsmassiven. Falls Sie den verkehrten Pfad gefolgt sind, besteht kein Grund zur Panik: Ein sanft ansteigender Pfad leitet uns an den Fuß des mächtigen Burgfelsens. Wir wählen die erste Möglichkeit links abzubiegen. Der Pfad führt am Fuß des Burgfelsens entlang und etwas später treffen wir wieder auf unser *„F"*.

Am Fuß des Burgfelsens der Falkenburg überschreiten wir eine kleine Holzbohlenbrücke. Darunter entdecken wir einen in den Fels geschroteten Graben. Hier befand sich früher die Zugbrücke. Rechts im Felsen erblicken wir die Tränken für das Vieh. Am Ende der Holztreppe treten wir durch einen kleinen Torbogen. Links dahinter

Steil hinauf zur Falkenburg

war der kleine Raum für den oberen Burgwächter. Oben auf dem aussichtsreichen Felsplateau stellen wir anhand der Steinbearbeitungen fest, dass die Burg recht groß war. Auch die für die Wasserversorgung so wichtige Zisterne fehlt nicht. Ansonsten ist von altem Mauerwerk kaum noch etwas übrig geblieben. Das meiste wird wohl im Mauerwerk der Wilgartswiesener Wohnhäuser verbaut worden sein. Der Blick von hier oben ist schon überwältigend!

Das „*F*“ leitet uns den Berg hinunter und zurück nach Wilgartswiesen: Am Ende der „Tiergartenstraße" kreuzen wir die Hauptstraße und den Bach Queich und gehen nach links in die **Ortsmitte**.

Ist Ihnen diese Wanderung zu lang, so bietet sich die Möglichkeit zu einem Spaziergang an: Sie fahren von Wilgartswiesen in Richtung Hermersbergerhof. Wo die Straße ihre erste Linkskurve vollzieht, befindet sich rechts ein Parkplatz. Von hier gehen wir, wie oben beschrieben mit der Markierung *„F"* oder *rot-weiß* zur Ruine Falkenburg und nach der Besichtigung den gleichen Weg wieder zurück.

Wie kommt man nach Wilgartswiesen?
Mit der Bahn: Wilgartswiesen ist Bahnstation an der Strecke Karlsruhe – Landau – Pirmasens.
Mit dem Auto: Wilgartswiesen liegt an der B 10 zwischen Landau und Pirmasens und ist aus beiden Richtungen ohne Ortsdurchfahrt zu erreichen.

Weglänge:	Wanderung	etwa 9 km
	Spaziergang	etwa 2 km

Einkehr: in Wilgartswiesen

Kartenempfehlungen:
1 : 25 000 Topografische Karte mit Wanderwegen, Naturparkkarte P11 „Hauenstein und Umgebung"
1 : 200 000 Generalkarte Blatt 18

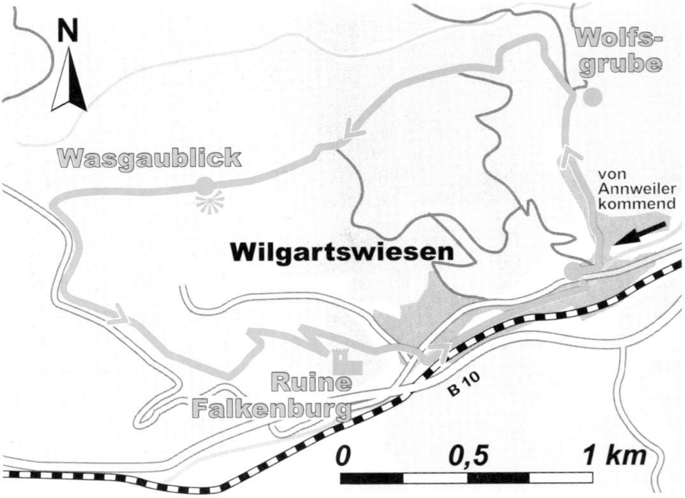

Besuch der Felsenburg Drachenfels

Der Drachen ist bei allen Kulturvölkern ein böses, Feuer speiendes Ungeheuer. „Liebe Drachen" gibt es seit Jahrzehnten nur bei Kinderbuchautoren. Dass es schon vor vielen Jahrhunderten liebe Drachen gab, davon kann man sich bei einem Besuch der Felsenburg Drachenfels im pfälzischen Wasgau überzeugen. Wenn man allerdings Einheimische nach ihm fragt, so muss man feststellen, dass ihn kaum jemand kennt. Also muss man sich auf die Suche begeben. Als nützliche Hilfsmittel sollte man Kreide und eine gute Taschenlampe mitnehmen.

Eigentlich ist es noch nicht so lange her, dass er entdeckt wurde. 1907 brachte ihn ein Lehrer an das Licht. In der Zeitschrift „Der Pfälzerwald" konnte man 1908 kurz über seine Entdeckung lesen. Der berichtende „Heimatforscher" verstieg sich damals sogar zur Annahme, der Drache könnte sogar römischen Ursprungs sein.

Wie findet man zum Drachenfels? Auf der Bundesstraße 427 von Bad Bergzabern nach Dahn erblickt man das eigenartige Felsengebilde kurz bevor man nach Busenberg kommt. Man verlässt die Bundesstraße nach links auf einem schmalen Betonplattenweg (Wegweiser: *Weißensteinerhof und Drachenfelshütte*) und fährt unmittelbar vor dem „Weißensteinerhof" (Gaststätte) rechts ab, ist nach 500 Metern an der Drachenfelshütte des Pfälzerwald-Vereins, wo ein großer Waldparkplatz zur Verfügung steht. In zehn bis fünfzehn Minuten ist man hinauf gestiegen zur **Ruine Drachenfels**. Einen Wegweiser braucht man nicht, da man sie von der Hütte aus sieht.

Der Drache erscheint

Da, wie schon gesagt, Einheimische bei der Suche nach dem Drachen selten weiter helfen können, sollte man sich zuerst nach ihm umsehen. Bei näherem Hinsehen erkennt man, dass der Burgkomplex ursprünglich auf zwei Felsmassive verteilt war, den östlichen, wo man auf Treppen hinaufsteigen kann und den westlichen, wo nur noch spärliche Mauerreste von der einstigen Befestigung künden. Dazwischen liegt der „Halsgraben". Er wurde ursprünglich zu Verteidigungszwecken aus dem Fels heraus geschrotet. Zum anderen lieferte er das Baumaterial für die Burg.

Wenn man den Drachen entdeckt hat, sollte man seine Konturen mit Kreide nachziehen, damit man ihn in seiner vollen Schönheit erkennt und damit man sich mit ihm fotografieren lassen kann. Ohne, dass er mit Kreide sichtbar gemacht ist, wird man ihn kaum auf den Bildern erkennen. Hat er nicht ein liebes, ja sogar lachendes Gesicht? Vielfach wurde schon behauptet, dass der Drache erst in neuerer Zeit dort eingemeißelt worden sei. Dagegen spricht, dass die um 1550 eingemeißelten Balkenlöcher mitten durch den Drachen gehen. Hätte jemand nachträglich den Drachen eingemeißelt, so hätte er ihn ein paar Zentimeter tiefer angebracht. Er ist demnach mindestens 550 Jahre alt. Vermutlich entstand er mit dem Bau der Burg gegen Ende des 12. Jahrhunderts. Na also! Wo kann man noch einem 800 Jahre alten Drachen begegnen?

Jetzt kann man sich auf die weitere Erkundung der Ruine begeben. Bei Sicherungsarbeiten in den letzten Jahren wurden viele Teile der Ruine freigelegt, die vorher unter Schutt begraben waren. So sind jetzt Gewölbe zugänglich, in einem entdeckte man einen alten Brunnen. Der Drachenfels war eine typische Felsenburg. Nirgends in der Pfalz gibt es ein anschaulicheres Beispiel, wie man unter Ausnutzung des natürlichen Felsens eine Burg um und in ihn gebaut hat. In den Felsen wurden viele kleine Kammern („Verließe") hineingemeißelt. Auch ein Teil der Treppen wurde aus dem Felsen herausgearbeitet.

Den höchsten Teil der Burg bildet der „Hohle Zahn". Den Namen gab man ihm wegen seines Aussehens. Dieser höchste Rest des natürlichen Felsens bildete einst das Skelett für den Bergfried, den Wachturm. Man muss beim Besuch des Drachenfels viel Zeit einkalkulieren, da die Kinder immer wieder neue „Geheimgänge" und „Verließe" entdecken. Nachdem der Wissensdurst gestillt ist, kann auch in der „Drachenfelshütte" oder im „Weißensteinerhof" der andere Durst gelöscht werden. An der PWV-Hütte wartet außerdem ein gut gestalteter Kinderspielplatz mit Schaukeln, Rutschen und Blockhäusern auf seine Benutzung.

Der Hohle Zahn

Wie kommt man zum Drachenfels?
Mit dem Bus: Buslinie Bad Bergzabern – Dahn; aussteigen am Judenfriedhof/Abzweigung „Weißensteinerhof“ oder in Busenberg Ortsmitte (ab Ortsmitte mit der Markierung gelber Strich zum Drachenfels).

Mit dem Auto: Über die B 427 Bad Bergzabern – Hinterweidenthal: Auf der Höhe östlich von Bundenthal beim Judenfriedhof in südlicher Richtung zum „Weißensteinerhof" abbiegen und dort rechts ab zur „Drachenfelshütte".

Weglänge: von der „Drachenfelshütte" hin und zurück 1,5 km;
von der Ortsmitte Busenberg bzw. von der B 427/Abzweigung Judenfriedhof etwa 2,5 km (hin und zurück)

Drachenfelshütte, PWV-Ortsgruppe Busenberg
Auskünfte: Telefon 0 63 91/38 77

Öffnungszeiten:

in der Sommerzeit	
sonn- und feiertags	10.00 - 19.00 Uhr
samstags	ab 12.00 Uhr
mittwochs	11.00 - 18.00 Uhr
in der Winterzeit	
samstags	ab 13.00 Uhr

Einkehr: Gaststätte „Weißensteinerhof", Telefon 0 63 91/35 59 oder in der „Drachenfelshütte"

Kartenempfehlungen:
1 : 25 000 Topografische Karte mit Wanderwegen, Naturparkkarte P11 „Hauenstein und Umgebung"
1 : 25 00 Topografische Karte mit Wanderwegen, Naturparkkarte P14 „Dahn und Umgebung mit elsäss. Grenzgebiet"
1 : 200 000 Generalkarte Blatt 18

Wo Wölfe heulen und Hirsche röhren 7

Schauen und spielen im Wald- und Wanderpark

Trotz oder gerade wegen der ständig fortschreitenden Technisierung unserer Umwelt und der Reizüberflutung durch moderne Medien übt nach wie vor das hautnahe Erleben von Tieren auf Kinder und Erwachsene eine besondere Faszination aus. Ein Beispiel hierfür ist der **Wild- und Wanderpark Südliche Weinstraße bei Silz**.

Für ihn sollte man sich mindestens einen halben Tag Zeit nehmen. Das Gelände ist sehr weitläufig und in Wald sowie in ehemals landwirtschaftlich genutzte Flächen und alte Streuobstwiesen eingebettet. Man kann Tiere streicheln, hautnah beobachten oder sie wie die Wölfe aus der Distanz und von oben herab ansehen. Man darf aber auch grillen oder Picknick machen – und vor allem spielen.

Den Rundgang beginnt man am besten links herum. Da geht es schon los mit den ständig neugierigen, bettelnden und meckernden Ziegen. Sie dürfen gestreichelt werden und haben dies sichtlich gern. Links, etwas erhöht, kommt man zu den Wölfen. Um sie zu sehen, steigt man am besten auf den Beobachtungsturm. Da sie überwiegend nachtaktiv sind, gehört schon ein wenig Glück dazu die zu Unrecht als bösartig und menschenfressend verschrieenen Tiere zu Gesicht zu bekommen. Dicht dabei sind die putzigen und sehr lustig aussehenden Frettchen. In manchen Ländern werden sie dazu dressiert Tiere zu jagen, die in Erdbauten leben.

Etwas weiter unten erwarten uns die bulligen Wisente. Dieses einst in Europa weit verbreitete Tier war schon ausgestorben. Man hat sie aus Zootieren wieder nachgezüchtet und zum Teil wieder ausgewildert. Zu den Streicheltieren zählen auch die Esel und die Zwergpferde, während Enten und Gänse doch ein wenig Distanz halten. Verschlafen blinzeln Herr und Frau Uhu in den Tag. Auch sie sind nachtaktiv.

Das Damwild hat sich an den Trubel gewöhnt. Die Tiere laufen zwischen den Schaukeln, den Picknickplätzen und natürlich den Menschen umher, immer in der Hoffnung, dass etwas abfällt. Selbstverständlich soll man sich an die Parkordnung halten und den Tieren nur das für sie vorgesehene (käufliche) Futter anbieten. Alles andere würde die Tiere gefährden!

Durch eine 300 Meter breite wildfreie Zone im Wald gelangt man zu den Rothirschen. Nicht, wie bei vielen Zoos üblich auf einem kleinen Gehege, sondern auf einem riesigen Gelände tummelt sich ein ebenso riesiges Hirschrudel. Darunter entdeckt man geradezu prachtvolle Exemplare mit imposanten Geweihen. Im Herbst, zur Brunftzeit der Hirsche, hört man ihr Röhren oft kilometerweit. Aber gerade in dieser Zeit sollte man besonders vorsichtig sein bei der Annäherung dieser zutraulichen Tiere.

Wer ist hier neugieriger, die Kinder oder die Hirsche?

Etwas vereinsamt sitzen die weißen Schneeeulen in ihren Gehegen. Dann geht es wieder durch wildfreien Wald. Danach sieht man rechts eine riesige Sauerei. Putzig sehen bei fortgeschrittener Jahreszeit die kleinen Wildschweine (Frischlinge) in ihren gestreiften Kitteln aus.

Vor dem Ausgang ist ein etwas außergewöhnlicher Kinderspielplatz angelegt. Augenfällig ist der Kletterturm, von dessen Spitze man durch enge, gewundene Metallröhren auf den Gesäß sitzend oder dem Bauch liegend hinunter rutschen kann.

Und noch etwas: An jedem 2. Sonntag im Monat von Mai bis Oktober wird ein Spielfest mit Kinderprogramm geboten.

i

Wie kommt man zum Wild- und Wanderpark bei Silz?
Mit dem Bus: täglich ab Landau, Bad Bergzabern und Annweiler.
Mit dem Auto: A 65, Ausfahrt Landau Nord, der Wegweisung Annweiler folgen, B 10, Ausfahrt Siebeldingen und auf der Deutschen Weinstraße nach Klingenmünster, in der Ortsmitte nach rechts auf der L 493 nach Silz.

Weglänge: bis zu 8 km

Wild- und Wanderpark Südliche Weinstraße

Auskünfte:	Telefon 0 63 46/55 88	
Öffnungszeiten:	15. März bis 15. November	
	täglich	ab 9.00 Uhr
	16. November bis 14. März	
	täglich	ab 10.00 Uhr
Eintritt:	Erwachsene	DM 7,00
	Kinder 3 bis 5 Jahre	DM 1,50
	Kinder von 6 bis 14 Jahren	DM 3,50
	Familientageskarte	DM 17,50
	Gruppen ab 20 Personen	
	Erwachsene	DM 6,00
	Kinder 3 bis 5 Jahre	DM 1,00
	Kinder von 6 bis 14 Jahren	DM 3,00
Einkehr:	im Wildparkrestaurant mit Kiosk	

Kartenempfehlungen

1 : 25 000 Topografische Karte mit Wanderwegen, Naturparkkarte P12 „Annweiler am Trifels“
1 : 50 000 TOP-STERN-Karte „Erleben, Erholen – Deutsche Weinstraße“
1 : 200 000 Generalkarte Blatt 18

8 Spielzeug, nichts als Spielzeug … und Schmetterlinge

Deutsch-französisches Puppen- und Spielzeugmuseum in Schweigen-Rechtenbach

Um Spielzeug zu lieben muss man nicht unbedingt ein Kind sein, obwohl alle diese schönen (und oft auch unschönen) Dinge eigentlich nur für Kinder geschaffen wurden. Es gibt natürlich Ausnahmen, das sind die elektrischen Eisenbahnen. Doch von denen soll hier nicht die Rede sein. Kinder werden ganz aufgeregt, wenn sie in ein Spielzeugmuseum kommen, rennen hier hin, rennen dort hin. Am liebsten möchten sie alles auf einmal sehen. Und Erwachsene? Die gehen langsam von Vitrine zu Vitrine, um alles genau und in Ruhe begutachten zu können. Doch das ist eine Frage des Alters. Ältere Menschen versetzen sich in Gedanken in ihre Kindheit, besonders, wenn sie das eine oder andere Vertraute aus „ihrer" Zeit entdecken. Die „mittlere" Generation muss schon einmal bei den Alten, Entschuldigung, bei den Senioren nachfragen. Und so gesehen ist ein Spielzeugmuseum für alle Altersstufen da.

In Schweigen-Rechtenbach, nur wenige hundert Meter vom Deutschen Weintor entfernt, befindet sich seit einiger Zeit ein privates **Spielzeugmuseum**, dem neuerdings ein Schmetterlingsparadies angegliedert ist. In der Spielzeugsparte fehlt fast nichts. Wie gesagt, fast nichts. Lediglich die elektrischen Eisenbahnen, die eine Kategorie für sich darstellen, werden hier nur am Rande gestreift. Hier ist alles fein säuberlich in Vitrinen aufgereiht.

Das Gros, wie der Name schon andeutet, sind natürlich Puppen in allen Größen und allen (Haut-)Farben. Die Vielfalt auf diesem Spielzeugsektor ist fast unendlich, sodass es einem Sammler und um solche handelt es sich hier, geradezu unmöglich ist, komplett zu sein. Und das bei dieser doch erstaunlichen Vielfalt, die hier zu sehen ist. Man sieht hier die den älteren noch geläufigen Marken, wie Schildkröt oder Mattel. Eine ausgesprochene Rarität ist die Käthe-Kruse-Schaufensterpuppe. Bei den Puppen sind alle Kontinente einbezogen. Das heißt, es sind nicht nur deutsche und französische Puppen zu sehen. Tiroler zählt man noch nicht einmal zu den Exoten. Doch da sieht man italienische, russische, japanische und sogar indianische aus den Anden.

Etwas, was beim Betrachten ins Auge fällt, ist die Tatsache, dass deutsche Puppen einen anderen Gesichtsausdruck besitzen, als französische. Trachtenpuppen spielten schon früher eine gewisse Außenseiterrolle, da sie oft nicht als Kinderspielzeug gedacht waren, sondern bis in die Jetztzeit Sammelobjekt für Erwachsene sind. Hier sehen wir eine Menge französischer Trachtenpuppen, vielfach mit elsässischer Trachten.

Hier wird so mancher Wunsch geweckt

Die konfessionelle Erziehung machte auch vor dem Kinderzimmer nicht halt, besonders in Frankreich. Kinderaltäre (einer von 1929), eine Nonne aus dem gleichen Jahr und Monstranzen sind hierfür ein Beispiel.

Wo Puppen sind, dürfen auch Puppenstuben und Puppenhäuser nicht fehlen, obwohl man mit Puppen kaum in Puppenstuben spielen konnte. Die Puppenhäuser waren wegen ihrer Größe und ihres Preises den „besseren“ Schichten vorbehalten. Die Puppenstuben gehörten in das Kinderzimmer „kleinerer“ Leute, insofern man überhaupt ein Kinderzimmer hatte. Puppenhäuser und Puppenstuben dienten vor allem dem erzieherischen Zweck, die Mädchen auf ihre spätere Bestimmung als Hausfrau vorzubereiten und erst in zweiter Linie zum unbeschwerten Spielen. Die kleinsten Puppenstuben waren aus Holz geschnitzt und wurden an die Wand gehängt. Mit ihnen konnte kaum gespielt werden. Die größeren dagegen waren oft perfekt eingerichtet. Man staunt geradezu, was es damals schon gab, sogar echtes Porzellangeschirr. Das allerdings konnten sich wiederum nur die „gehobenen" Kreise leisten. Zu den ältesten Ausstellungsobjekten zählt eine Biedermeier-Puppenstube (um 1840).

Auch Puppenküchen gehörten, wenn man sie sich leisten konnte in die Kinderzimmer der Mädchen. Auch hier sieht man alle Größen, je nach Geldbeutel der Erziehungsberechtigten, vom winzigen Anschauungsmodell bis zum großen funktionierenden Herd mit allerlei Geschirr. Interessant ist eine elektrische Bratröhre aus dem Jahr 1935. Eine Abwandlung der Puppenstuben waren die Kinderkaufläden. Auch damals gab es bereits Werbung, die sich speziell an Kinder richtete: Fast alle gängigen Markenprodukte waren hier mit Miniaturpackungen verteten.

Teddybären, neben den Puppen die wohl beliebtesten „Spielkameraden" für Kinder beiderlei Geschlechts, sind hier reichlich und fast in allen Größen vertreten. Sie waren die heimlichen „Beichtväter" der Kinder. Man konnte ihnen Dinge anvertrauen, die man den eigenen Eltern nicht sagen konnte oder wollte. Teddybären waren verschwiegen und verrieten niemals etwas. Zu den beliebten Objekten, allerdings in den „besseren Kreisen", zählte die Teddyschule, hier zum Beispiel mit einem schwarz-weiß gekleideten Teddybärlehrer mit „Fliege" und Zylinder.

Kinderkarussels, kleine und große, dürfen in der Sammlung nicht fehlen. Schaukelpferde waren zuerst für die Knaben gedacht, was nicht heißen soll, dass Mädchen darauf nicht reiten bzw. schaukeln durften. Bei den Jungen spielte auch hier im Hinterkopf die spätere „Aufgabe" als Soldat eine wichtige Rolle. Zu den Spielsachen der Kinder beiderlei Geschlechts gehörten die Fahr- und die Dreiräder, während die Tretautos bei der Rollenverteilung den Jungen zustanden. Außenseiter waren auch früher schon Spielwaren wie der Kindersulki aus dem Jahr 1900. Auch der Kinderzoo darf nicht fehlen.

Ausgesprochen dem männlichen Teil der Kinder waren die Indianer, Trapper, Cowboys, die dazu gehörenden Westernforts, aber auch die Ritterburgen vorbehalten.

Zu den seltenen Raritäten zählen Objekte, die damals nur den betuchten Schichten vorbehalten waren, wie funktionierende Filmapparate oder der Kindergeigenkasten. Dazu darf man auch den großen Teddy auf einer Vespa rechnen. Doch der gehört schon in die 50er-Jahre des 20. Jahrhunderts.

Man entdeckt hier auch Vertrautes, wie den Mecki, der 1999 fünfzig Jahre alt geworden ist, selbstverständlich in allen Größen und Varianten. Holzspielwaren, früher die preiswertesten Spielzeuge, gibt es in kleinerer Zahl zu sehen. Sie liegen heute wieder im Trend, sind jedoch erheblich teurer geworden. Dazu gehören auch die Erzgebirgsspielwaren, denen eine ganze Vitrine gewidmet ist. Geradezu exotisch wirkt in unserer Zeit ein Jesuskind aus Wachs. Nicht zu den Spielzeugen gehört die riesige Weihnachtspyramide.

Dass sich früher bei uns der Krieg auch in den Kinderzimmern abgespielt hat und auch heute noch in fast allen Ländern der Erde abspielt, sieht man in einer, bewusst in die Ecke gedrängten Vitrine. Hier marschiert das Militär auf, hier gibt es Kanonen aller Größen –mit ihnen konnte man (selbstverständlich) auch „richtig" schießen. Ein kleiner Zettel weist hier darauf hin, dass früher bei uns das Kriegsspielzeug der „Ertüchtigung" der männlichen Jugend gedient hat und damals obligatorischer Bestandteil fast jeden Kinderzimmers war.

Nach dieser dunklen Seite des Kinderzimmers wenden wir uns dem Lebendigen zu, den Schmetterlingen. Beim Besuch des neuerdings dem Spielzeug-Museum angegliederten **Schmetterlings-Paradieses** ist leichte Kleidung angesagt, denn in den Gewächshäusern herrschen tropische Temperaturen. Hier ist die ganze Vielfalt dieser Insektengattung zu bewundern, von Winzlingen bis zu Riesenexemplaren. Die schönsten und größten kommen meist in den Tropen vor. Für sie müssen die entsprechenden Wärmegrade und auch ihre zum Leben notwendigen Pflanzen vorhanden sein. Wussten Sie, dass manche Schmetterlinge nur einen Tag leben? Eine kurze Zeit für so viel Pracht.

i

Wie kommt man nach Schweigen-Rechtenbach?
Mit dem Bus: Ab Landau, Bad Bergzabern und Wissembourg (Weißenburg) im Karlsruher Verkehrsverbund (KVV); aussteigen am Deutschen Weintor.
Mit dem Auto: Über die B 38 aus Richtung Landau, auf der B 427 aus Richtung Karlsruhe nach Bad Bergzabern und auf der B 38 zum Deutschen Weintor in Schweigen; dort großer Parkplatz. Parkmöglichkeit auch auf dem „St. Urbansplatz", direkt am Museum.

Weglänge: vom Parkplatz Weintor zum Museum 300 m

Deutsch-französisches Puppen- und Spielzeugmuseum und Schmetterlings-Paradies
Auskünfte: Deutsch-französisches Puppen- und Spielzeugmuseum, St. Urbansplatz 8, 76889 Schweigen-Rechtenbach,

i

	Telefon 0 63 42/9 21 40	
Öffnungszeiten:	täglich	ab 11.00 Uhr
	von November bis Ostern nur sonn- und feiertags geöffnet und nach Vereinbarung	
Eintritt:	**Spielzeugmuseum**	
	Erwachsene	DM 6,00
	Kinder bis zu 4 Jahren	frei
	Kinder bis zu 14 Jahren	DM 4,00
	Schmetterlings-Paradies:	
	Erwachsene	DM 7,00
	Kinder bis zu 4 Jahren	frei
	Kinder bis zu 14 Jahren	DM 5,00
	Kombikarte (Spielzeug und Schmetterlinge):	
	Erwachsene	DM 11,00
	Kinder bis zu 14 Jahren	DM 7,00
Einkehr:	in vielen Gaststätten in unmittelbarer Nähe	

Kartenempfehlungen:

1 : 50 000 TOP-STERN-Karte „Erleben, Erholen – Deutsche Weinstraße“

1 : 200 000 Generalkarte Blatt 18

Abenteuerwanderung zum „Wächterstein" bei Annweiler

Es soll jetzt noch nicht verraten werden, was uns auf dieser Wanderung erwartet. Machen wir uns zuerst auf den Weg. Die Suche nach dem geheimnisvollen Wächterstein erfordert ein wenig Spürsinn und Lust nach Abenteuer. Wir können wählen zwischen einfachem Finden und ein wenig Klettern oder mit etwas Suchen, aber etwas weniger Anstrengung.

Als Ausgangspunkt wählen wir den **Wanderparkplatz „Windhof"** an der „Trifelsstraße". Fast spielend lässt sich diese kleine Tour mit der Suche nach dem „versteckten Burgplan" auf der Münz verbinden (siehe Kapitel 10).

Dazu wandern wir gegenüber der Schutzhütte auf der Südseite der „Trifelsstraße" mit der Markierung *gelber Strich* und dem *Rundweg Nr. 12* in südwestliche Richtung. Er knickt bald in südlicher Richtung ab, passiert gleich darauf den Damm einer alten Römerstraße. Bei der ersten Wegspinne (nach knapp 500 Metern) halten wir uns nur noch an die *„12"* (der gelbe Strich führt nach Leinsweiler). Sanft steigt der Weg an bis zum Sattel zwischen dem Wetter- und dem Schletterberg. Hier steht links der Ritterstein „Am Tisch – alte Geraide-Gerichtsstätte".

Hier müssen wir uns entscheiden, welche Variante wir wählen. Hier zuerst der einfache, aber etwas anstrengendere Weg. Wir nehmen an der Weggabelung den rechten Weg mit der *„4"*. Er führt ohne nennenswerte Höhenunterschiede um dem Schletterberg herum. An der Stelle, wo er scharf in nördliche Richtung abbiegt, führt links steil eine Grenzschneise bergauf und oben erblicken wir einen Felsklotz. Jetzt heißt es da hinauf steigen. Oben erwartet uns der Wächterstein.

Und nun zur Spürsinn-Variante. Dazu wählen wir den mittleren, ansteigenden Weg. Nach etwa 400 Metern, am Ende des Anstiegs, nehmen wir den rechts weiter führenden Weg. Er ist grasig und verläuft ebenfalls um den Gipfel des Schletterberges herum. Wo der Weg eine scharfe Linksbiegung vollzieht, verlassen wir ihn rechts und folgen einem schmalen Jägersteig und den Grenzsteinen abwärts. Bald stehen wir vor einem Felsen wie eine Tischplatte, der **Wächterstein**. *„Tisch"* hieß er noch 1820 in einer Grenzbeschreibung.

Was ist jedoch an diesem Felsen so interessant, dass sich das Suchen lohnt? Oben auf der fast ebenen Felsplatte sieht man neben Kreuzen (alten Grenzzeichen) und Buchstaben eine lustige Figur eingemeißelt: Drei konzentrische Kreise, die in acht Felder unterteilt sind

Ein Teufelsspiel entsteht!

und darüber ein geradezu goldiges Teufelchen. Falls sie nicht vergessen wurde, kann jetzt die Kreide in Aktion treten und bald wird das Bild in voller Pracht erscheinen.

Über diese Figur haben Wissenschaftler und solche, die sich dafür halten, allerlei Sinniges und noch mehr Unsinniges verbreitet. Zuerst das Unsinnige. 1970 wollten „Forscher" darin ein „steinzeitliches Kultbild" sehen. Andere glaubten, es sei keltisch. Wieder andere wollten darin einen Bischof und das „Mainzer Rad", das Wappen von Mainz sehen. Ein echter Historiker meinte, es sei 1908 entstanden. Warum gerade 1908 und von wem eingemeißelt? Die Antwort blieb er schuldig. Die wohl richtige Antwort lautet, dass die Einritzung ein Diabolo-Spiel darstellt, wie es im Mittelalter sehr beliebt war. Man sieht, die Spanne reicht vom Bischof bis zum Teufel.

Nun erhebt sich die Frage, wie und warum gerade hier? Wir haben bei der Anwanderung Grenzsteine gesehen. Heute trennen sie zwei Dorfwaldungen. Aber die Grenze teilte früher zwei Herrschaften, das Hochstift (Bistum) Speyer und die Kurpfalz. Wenn es damals „brenzlig" wurde und das war nicht selten der Fall, saßen hier oben Wächter, haben die Grenze bewacht und hatten dabei die ganze Umgegend im Blickfeld. Heute noch beeindruckt der Ausblick von hier oben, trotz der teilweise hohen Bäume. Da das Bewachen mitunter sehr langweilig war, vertrieben sich die Wächter mit Spielen und hier mit dem damals so beliebten Diabolo.

Für den Rückweg wählen wir einen der beschriebenen Wege. Der Steilabstieg vom Wächterstein zum darunter liegenden Weg ist nicht zu empfehlen, allenfalls, wenn es sich um größere Kinder handelt und der Boden trocken ist.

Wie kommt man zum Parkplatz „Windhof" an der Trifelsstraße?
Der Parkplatz wird von öffentlichen Verkehrsmitteln nicht angefahren.
Mit dem Auto: Die B 10 verlässt man auf der Abfahrt „Annweiler-West", dann ein kurzes Stückchen auf der B 48 in Richtung Bad Bergzabern; gleich danach leiten die Wegweiser „Burg Trifels" zum Ziel.

i

Weglänge: hin und zurück etwa 6,5 km

Einkehr: im Burgrestaurant am Trifelsparkplatz, Telefon 0 63 46/84 73; für Kleinigkeiten gibt es einen Kiosk oder in Annweiler

Kartenempfehlungen:
1 : 25 000 Topografische Karte mit Wanderwegen, Naturparkkarte P12 „Annweiler am Trifels"
1 : 200 000 Generalkarte Blatt 18

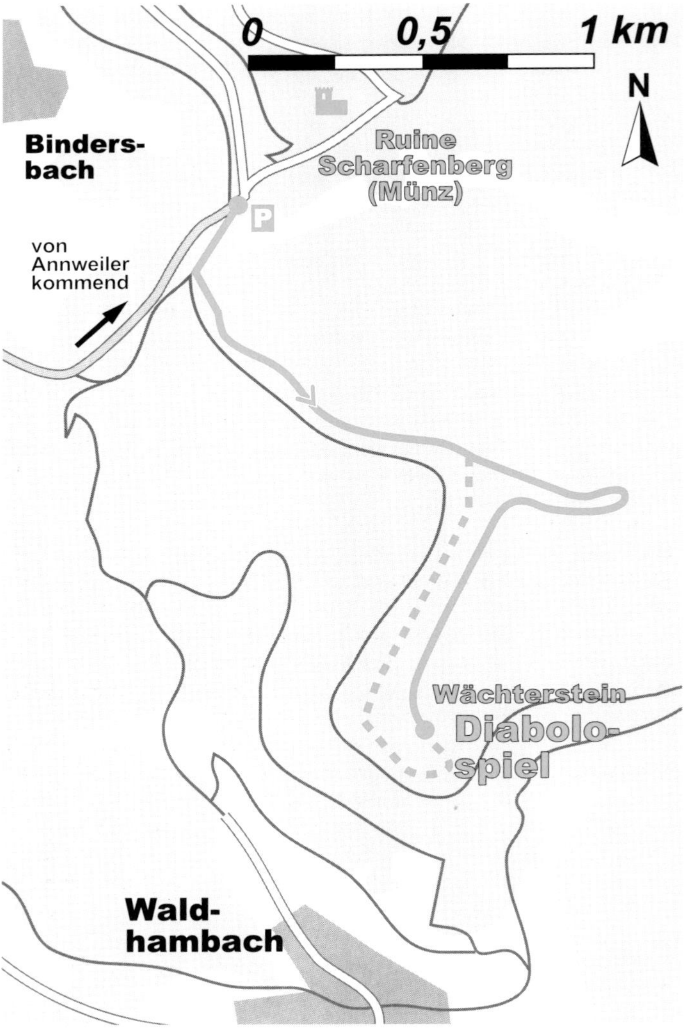
0
0,5
1 km
N
Binders-
bach
Ruine
Scharfenberg
(Münz)
P
von
Annweiler
kommend
Wächterstein
Diabolo-
spiel
Wald-
hambach

Kurze Wanderung zum Fensterfelsen und zur „Münz" bei Annweiler

In der Pfalz gibt es Hunderte von Burgruinen. Deshalb ist es hier schwierig, Kinder nur mit dem Hinweis, dass man eine Ruine besuchen wolle, zu einer Wanderung zu verlocken. Da muss schon etwas Besonderes geboten sein, wie zum Beispiel „Geheimgänge", Burgverliese oder geheimnisvolle Felszeichnungen, wie am Drachenfels (siehe Kapitel 6). Solch eine geheimnisvolle Felszeichnung gibt es auch auf der „Münz". Die Burg hieß eigentlich Scharfenberg. Hier wohnten die Herren von Scharfenberg, hohe Beamte der Hohenstaufenkaiser, zum Beispiel von Friedrich Barbarossa. Nach ihrem Aussterben soll sich in der Burg die Münzprägestätte der Stadt Annweiler befunden haben. Im Jahr 1525 wurde sie im Bauernkrieg zerstört und nicht wieder aufgebaut.

Die „Münz" versank in eine Art Dornröschenschlaf. Wind, Wetter und auch die Menschen nagten an dem alten Gemäuer. Der Trifels rückte schon recht früh in das Blickfeld der geschichtlich begeisterten Menschen. Für die Ruine Scharfenberg interessierte sich kaum jemand. Viel gab es da nicht zu sehen, außer ein paar Mauerresten und dem noch gut erhaltenen Bergfried. Doch der ist nicht besteigbar. Als man vor Jahren den Bergfried sicherte, hat man auch in der Burg ein wenig Schutt beiseite geräumt. Da kam eine in eine Felswand gemeißelte Zeichnung der mittelalterlichen Burg zu Tage.

Solche Felszeichnungen kommen erst so richtig zur Geltung, wenn man die eingemeißelten Konturen mit Kreide nachzieht. Da sind die Kinder mit Begeisterung dabei, wenn sie verfolgen können, wie das „Kunstwerk" entsteht. Wenn dann wirklich jeder kleine Strich nachgemalt wurde, tritt man am besten einige Meter zurück. Jetzt sieht man erst so richtig wie die Ritterburg im Mittelalter einmal ausgesehen hat und man entdeckt viele Einzelheiten und vor allem: Erst dann kann man sie auch fotografieren. Man sieht die Zinnen am Bergfried (Turm) und die Fenster im Ritterhaus. Jetzt erst kann man so richtig der Fantasie ihren freien Lauf lassen. Aber bitte, malt nur mit „Straßenkreide", damit auch andere den gleichen Spaß haben können.

Was hat es denn mit dem Fensterfelsen auf sich? Im Sattel zwischen den Ruinen Anebos und Münz steht eine Gruppe riesiger Felskolosse. Einen davon nennt man den Fensterfelsen. Begeben wir uns auf die Suche. In einem Spalt zu einem Nachbarfelsen sieht man eine von Menschenhand ausgemeißelte Öffnung, zwar kein Fenster, aber eine Türöffnung. Und wenn man dann weiter sucht, sieht man, dass von dieser Öffnung aus ein Gang in die Außenseite des Felsens geschrotet wurde und weiter erblickt man Treppen, die auf die Felsoberseite führen. Vermutlich war dies im Mittelalter ein Beobach-

Karolin und Steffi präsentieren stolz ihr Werk!

tungsposten für das Burgensystem Trifels-Anebos-Scharfenberg. Bisher hat man in alten Unterlagen noch nichts über diese Anlage gefunden und so darf auch hier wieder die Fantasie spielen.

Jetzt wollen wir aber unsere kleine Wanderung beginnen. Wir starten auf dem **Trifelsparkplatz „Schlossäcker"**, steigen links vom Burgrestaurant hinauf und wenden uns sofort wieder nach rechts. Es ist ein sehr kurzer, aber steiler Anstieg. Aber dann geht es gemächlicher weiter. Der Weg ist mit einer *„4"* und einer *„11"* gekennzeichnet. Bereits nach wenigen Minuten kommen wir zu der imposanten Felsengruppe und die Suche kann beginnen, welcher davon der Fensterfelsen ist. Der findige Nachwuchs wird bald fündig werden.

Noch etwas wird die Aufmerksamkeit der Kinder beanspruchen: Die eigenartige „Bauweise" der Felsen. Sie sehen aus, wie ein riesiger Stapel von Pfannkuchen und der ist vor etwa 150 bis 180 Millionen Jahren als Ablagerung in einem Meer entstanden. Bei den letzten zwei Felsen der Gruppe sieht es schon wieder anders aus. Hier sind die Schichtungen zum Teil meterdick.

Etwa 100 Meter nach dem letzten Felsmassiv gehen wir scharf links hinauf und gleich danach wieder rechts. Das letzte Stück zeigt uns ein grüner Wegweiser *„Scharfenberg"*. Wenige Minuten später stehen wir vor der „Münz". Zuerst entdecken wir unterhalb des Bergfrieds den Halsgraben. Er diente einerseits der Verteidigung, andererseits wurde bei seiner Ausmeißelung das Material zum Bau der Burg gewonnen. Genial, nicht wahr? Begeben wir uns auf die Suche nach dem Felsbild. Oben am Fuße des Turmes sehen wir ein Geländer. Dort hinauf steigen wir. Oben, wo einst das Ritterhaus stand, sieht man nur noch Mauerreste (schade, dass nicht mehr vorhanden ist) und dann eine Treppe, die abwärts führt. Wir steigen sie hinunter und gehen ein paar Schritte nach links. Nach einigem Suchen entdecken wir im Felsen unterhalb des Bergfrieds unsere Zeichnung und wir können ans Werk gehen!

Zurück gehen wir ein Stückchen auf dem gleichen Pfad, auf dem wir gekommen sind, aber dann links um den Berg herum mit dem Wegweiser *„Anebos, Trifels"*. Gleich darauf sehen wir die Felsgruppe von vorhin von der anderen Seite. Hier wirken die Felsen noch wuchtiger und höher. Jetzt erkennen wir auch auf Anhieb die Ausmeißelungen im Fensterfelsen ohne zu suchen. Wir bleiben weiter auf der rechten Bergseite. Gleich darauf haben wir einen schönen *„Fotografierblick"* auf den Trifels und schon sind wir wieder zurück auf dem **Parkplatz**.

Wie kommt man zum Trifelsparkplatz?

i

Der Parkplatz wird von öffentlichen Verkehrsmitteln nicht angefahren.

Mit dem Auto: Die B 10 verlässt man auf der Abfahrt „Annweiler-West", dann ein kurzes Stückchen auf der B 48 in Richtung Bad Bergzabern; gleich danach leiten die Wegweiser „Burg Trifels" zum Ziel.

Weglänge: hin und zurück etwa 2,5 km

Einkehr: im Burgrestaurant Trifels,

Telefon 0 63 46/84 79; für Kleinigkeiten gibt es einen Kiosk

Kartenempfehlungen:

1 : 25 000 Topografische Karte mit Wanderwegen, Naturparkkarte P12 „Annweiler am Trifels“

1 : 200 000 Generalkarte Blatt 18

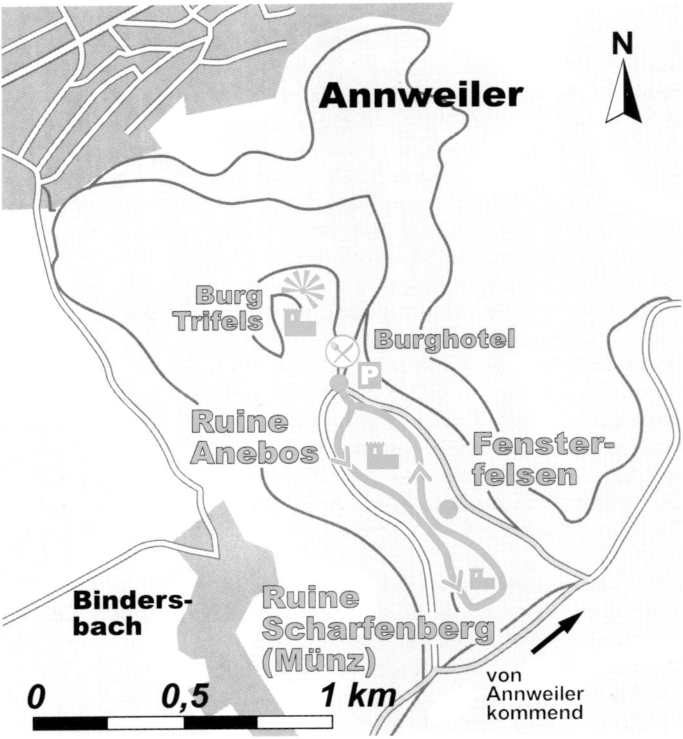

Das Versteck des guten Königs Dagobert 11

Spaziergang zur Dagobertshecke bei Frankweiler

Zugegeben, wenn man ohne die entsprechende Vorbereitung mit Kindern zur Dagobertshecke bei Frankweiler gehen würde, wäre Unverständnis das Mindeste, was die Sprösslinge äußern würden. „Was soll das, ein einzelner Baum in den Weinbergen? Das ist doch stinklangweilig!" So oder so ähnlich könnten die Reaktionen lauten. Sie fänden es sicherlich ganz einfach blöd. Aber wenn man ihnen die Sage vom „guten König Dagobert" erzählt und danach den geschichtlichen Hintergrund erläutert, wird doch das Interesse wach.

Zuerst die Sage: Vor etwa 1 400 Jahren residierte der gute König Dagobert auf der Burg Landeck oberhalb von Klingenmünster. Seine eigenen Brüder, die selbst auf den Thron wollten, verbündeten sich mit Rittern. Als der König auf der Jagd war, wollten sie ihre dunklen Machenschaften in die Tat umsetzen. Sie begannen den König zu verfolgen und ihn zum Gejagten zu machen. In der Nähe von Frankweiler waren die Verfolger Dagobert schon dicht auf den Fersen. Das sahen Bauern, die auf dem Feld arbeiteten. Sie versteckten ihren König unter einem riesigen Weißdornstrauch und der König entkam seinen blutrünstigen Verfolgern. Aus Dank für seine Errettung schenkte König Dagobert den pfälzischen Bauern die Wälder zur eigenen Nutzung. Außer dem Jagd- und Fischereirecht sollte der jeweilige Landesherr in den Wäldern keine Rechte haben.

Und nun zum geschichtlichen Hintergrund: Im fränkischen Königshaus der Merowinger, zu dem auch drei Könige mit dem Namen Dagobert zählten, waren Mord und Totschlag an der Tagesordnung, um an die Macht zu gelangen. Der Vater tötete den eigenen Sohn, der Sohn den Vater, der Bruder den Bruder. Es waren blutrünstige Zeiten. Es gab also drei Könige mit dem Namen Dagobert. So weit, so gut. Und es gab die ausgedehnten Wälder, in denen nur die Bewohner der angrenzenden Dörfer die Nutzungsrechte besaßen. Man nannte diese Wälder „Haingeraiden" oder „Hartgeraiden". Ob es wirklich so war, wie es die Sage erzählt, konnte nie geklärt werden. Man sieht aber, hinter vielen Sagen steckt ein realer Kern.

Und noch etwas: Die Dagobertshecke galt über Jahrhunderte hinweg als heilig und es wurde ihr eine heilende Wirkung nachgesagt. Ein krankes Pferd dreimal um sie herumgeführt, sollte wieder geheilt werden. In früheren Zeiten haben die Menschen fest daran geglaubt. Viele Jahrhunderte lang hielt man hier Gericht für den ganzen Speyergau. Sie muss geradezu gigantische Ausmaße besessen haben, wie zeitgenössische Zeichnungen beweisen. Experten schätzten ihr Alter zu Beginn des 19. Jahrhunderts auf mehr als 1 200 Jahre.

Hier versteckte sich einst der „gute“ König Dagobert

Jetzt wieder zur Sage: Im Volk hielt sich eisern die Meinung, wenn die Dagobertshecke stirbt, gehen dem Volk die Wälder verloren. Und nun wieder zur Wirklichkeit: Nach dem 30-jährigen Krieg (1618-1648) setzte durch Übernutzung des Waldes durch Holzeinschlag und Waldweide ein Raubbau ein, sodass man sich zu Beginn des 19. Jahrhunderts ernsthaft Gedanken darüber machte, die Hain- und Hartgeraiden aufzulösen und sie in die Obhut der einzelnen Gemeindeverwaltungen zu geben. In den Jahren 1821 bis 1825 wurden die Wälder auf die verschiedenen nutzungsberechtigten Dörfer aufgeteilt, je nach der Einwohnerzahl. Und siehe da, bei einem heftigen Gewitter im Sommer des Jahres 1817 schlug der Blitz in den riesigen Baum und drei Jahre danach vernichtete ihn ein Sturm endgültig. Die Sage hatte wieder einmal Recht behalten.

1824 pflanzte man an die gleiche Stelle einen neuen Weißdornstrauch, der heute schon wieder beachtliche Ausmaße aufweist, wenn er auch nicht so groß ist, wie der 1 200-jährige Baum- oder besser gesagt, Strauchriese. Leider hat man immer wieder die Zweige gestutzt, sodass der Weißdornstrauch mehr wie ein Baum aussieht. Wenn man nämlich die Zweige natürlich wachsen lässt, biegen sie sich allmählich zum Boden und bilden so einen Schirm, ein wirkliches Versteck, genau so, wie es die Sage erzählt.

Früher lernte jedes pfälzische Kind die Sage von König Dagobert in der Volksschule. Heute, da Volkskunde in der Schule kein Thema mehr ist, wissen auch junge Eltern nichts mehr mit Dagobert und seiner Hecke anzufangen. Sie halten ihn allenfalls für eine Figur aus Walt Disneys Zeichentrickfilmen.

Der Weg zur Dagobertshecke ist leicht zu finden. Etwa 200 Meter südlich des Ortsausgangs von Frankweiler in Richtung Siebeldingen weist ein großer Stein mit der Inschrift *„Dagobertshecke“* den Weg. Es sind nur etwa 400 ebene Meter durch die Weinberge. Dann sieht man rechts hinter Reben einen Baum, die bewusste *„Hecke“*. Davor erzählt eine Tafel die Sage und ein wenig Historie. Am Eingang zu diesem Platz steht ein alter Grenzstein von 1761. Auf seiner Nordseite sieht man das Rautenwappen des Herzogtums Pfalz-Zweibrücken, wozu Frankweiler zählte und auf der Südseite CH S (= Kurpfalz Siebeldingen).

i

Wie kommt man zur Dagobertshecke?
Mit der Bahn: Frankweiler ist mit Bussen ab Landau Hauptbahnhof zu erreichen (sonntags nur zweimal!).
Mit dem Auto: Man verlässt die B 10 (Karlsruhe – Saarbrücken) auf der Abfahrt „Siebeldingen“; in Siebeldingen folgt man in der Ortsmitte der Wegweisung „Frankweiler“ (links); kurz vor Frankweiler steht rechts der Stein „Dagobertshecke“; hier kann auch das Auto abgestellt werden.

Weglänge:	hin und zurück	etwa 1 km
	ab Frankweiler Rathaus (Bus)	etwa 1,5 km

Einkehr: in Frankweiler und Siebeldingen

Kartenempfehlungen:
1 : 25 000 Topografische Karte mit Wanderwegen, Naturparkkarte P9 „Neustadt, Maikammer, Edenkoben, Landau“
1 : 200 000 Generalkarte Blatt 18

12 Die Festung am Rhein

Ein Rundgang durch die Festung Germersheim

Zugegeben, Germersheim liegt schon etwas abseits vom Pfälzerwald. Doch hier gibt es etwas zu sehen, was besonders größere Kinder interessieren wird, eine richtige Festung. Zugegeben, in Landau sind auch noch Teile der Festung zu sehen. Doch Germersheim unterscheidet sich insofern von Landau, dass hier wesentliche Teile noch (militärisch) genutzt werden. Andere wesentliche Teile wurden einer zivilen Nutzung zugeführt, wie wir noch sehen werden. Der vorgeschlagene Rundgang bietet auch manche Spielmöglichkeiten für kleinere Kinder, zum Beispiel auf dem „Königsplatz“ und hinter dem Ludwigstor.

Doch von Anfang an. Die Festung Germersheim ist ein Kuriosum, ein Beispiel dafür, dass sich Militärs zwar gerne als besonders fortschrittlich geben, vielfach jedoch sehr rückständig sind. Mit einem königlich bayerischem „Rescript“ (Erlass) wurde 1833 beschlossen in Germersheim eine Festung zu bauen. Ihr Bau wurde 1834 begonnen und 1861 fertig gestellt. Sie wurde im Stile barocker Festungen geplant und gebaut, war zur Zeit ihrer Planung militärisch bereits weitgehend veraltet und war die letzte Festung, die in Deutschland errichtet wurde.

Der einzige positive Aspekt dabei war, dass etwa 12 000 Menschen dadurch für Jahrzehnte Arbeit und Brot fanden. Deutschland verlor den 1. Weltkrieg und der Friedensvertrag von Versailles sah vor, dass die Festung geschleift (abgerissen) werden sollte. Doch es kam anders, zumindest für große Teile der Festung: 1918, mit dem Einmarsch der Franzosen in die Pfalz und später mit der Besetzung des gesamten Rheinlandes, nutzte die französische Besatzungsmacht selbst die Anlagen. Lediglich die Außenanlagen, wie Minengänge, die oft mehrere Kilometer weit hinaus bis fast an die nächsten Dörfer reichten, wurden unbrauchbar gemacht. Die Franzosen nutzten die Kasernen bis zu ihrem Abzug im Jahr 1930. Bald danach zog wieder deutsches Militär ein.

Nach dem Ende des schrecklichen 2. Weltkrieges, in dem Teile der Stadt durch Bomben in Schutt und Asche gelegt wurden, schien das Ende der Festung wirklich gekommen zu sein. Noch 1945 wurde in einer Kaserne das Dolmetscherinstitut eingerichtet und bald danach der Universität Mainz angegliedert. Doch Germersheim wurde wieder französische Garnison. Die Franzosen haben inzwischen Germersheim längst wieder verlassen. Die Kasernen werden heute von der Bundeswehr genutzt.

Unseren Rundgang durch Germersheim beginnen wir am besten am **Bahnhof**, gehen auf der „Bahnhofstraße“ in Richtung Stadt und weiter in die „Zeughausstraße". Hier fällt links ein riesiger Gebäudekomplex auf, das **Zeughaus**, früher einmal das Waffenarsenal. Heute dient es friedlichen Zwecken. Darin ist das *„Deutsche Straßenmuseum"* untergebracht, ein äußerst interessantes Museum, das sich allen Aspekten des Straßenbaus von der Römerzeit bis in die neueste Zeit widmet. Immer wieder werden Sonderausstellungen angeboten, die ein großer Publikumsmagnet sind. Die Kinder werden sich besonders für die im Außenbereich aufgestellten Baumaschinen interessieren. Ein Besuch des Museums nimmt mehrere Stunden in Anspruch.

Unmittelbar an das Zeughaus schließt sich ein Stück der alten Festungsmauer mit vielen Schießscharten an, die so genannte Carnot'sche Mauer. Wenn man auf die Podeste steigt, kann man die im Außenbereich des Museums abgestellten Baumaschinen erspähen. Mit der Mauer biegen wir rechts ab, gehen durch eine Toreinfahrt und am Rande einer Kaserne entlang. Das Gebäude mit den vergitterten Fenstern lässt unschwer seinen früheren Zweck als Gefängnis erkennen. Am „Paradeplatz" mit seinen Rosskastanien angekommen, gehen wir links an ihm und dem riesigen Komplex der Stadtkaserne entlang. Sie war früher Garnisonslazarett und Proviantamt. Von 1939 bis 1945 erlangte sie als Wehrmachtsgefängnis traurige Berühmtheit. Hier wurden unter anderem Menschen in Zusammenhang mit dem Attentat auf Hitler am 20. Juli 1944 eingekerkert und hingerichtet.

Gegegenüber steht das **Weißenburger Tor**, eines der beiden Stadttore. Wenn wir es durchschreiten, sehen wir auf der anderen Seite noch die schweren Stadttore, die jeden Abend geschlossen werden mussten. Draußen wurde bei Bauarbeiten der alte Stadtgraben frei gelegt und wir erkennen die Pfeiler, auf denen die Zugbrücke ruhte und die Seilrollen, mit denen sie gehoben und gesenkt werden konnte. Über dem Stadteingang erblicken wir ein großes bayerisches Staatswappen (die Pfalz war bis 1945 bayerisch) und in römischen Ziffern das Jahr 1839.

Vom Weißenburger Tor gehen wir in nördlicher Richtung an der anderen Seite des „Paradeplatzes" entlang. Am „Luitpoldplatz" steht ein Denkmal, das an den deutsch-französischen Krieg 1870/71 erinnert, darauf steht ein Löwe, der das bayerische Staatswappen hält. Wir wenden uns links in die „Königstraße".

Über den **„Königsplatz"** sind eine Reihe moderner Bronzedenkmäler verteilt. Sie sind sehr lustig und lassen der Fantasie viel Spielraum. Am Anfang steht die „Symbolwand" mit einem eingelassenen Bronzerelief: eine Kuh mit einer Frauenbrust, einem lustigen Männerkopf und mit Flügeln. Auf Knopfdruck spritzt sie mit Wasser. In der Platzmitte steht der „Königsstuhl mit Friedenstaube". Dahinter liegt eine riesige Bronzekugel. Wenn man auf die andere Seite tritt, ist es ein großer, ulkiger Menschenkopf mit heraus quellenden Augen,

Das Weißenburger Tor

gewaltigen Zähnen und aus den Nasenlöchern kommt Wasser. Es fließt durch einen Kanal in ein rundes Becken. Darin steht die große metallene Plastik, „Flügel der Fantasie“ mit dem „blauen Engel“: Auf einer Kugel sieht man einen Frauenkopf mit einem Hahnenschwanz. Fast könnte man die kleine Bronze „Erdling“ am Platzende übersehen: aus einem Ei schlüpft ein kleiner Junge mit Flügeln.

Links weiter durch die „Ludwigstraße“ stoßen wir auf das mit 284

Metern längste Gebäude der Stadt, die ehemalige *Seysselkaserne*. Sie beherbergt heute das „Dolmetscherinstitut". Wir gehen nach rechts um es herum, stehen vor einem der noch erhaltenen Festungswälle, kreuzen die Straße nach links versetzt und folgen dem Wegweiser *„Städt. Musikschule"* hinunter in die „Grabenwehr" in der **Fronte Beckers.** An den Konturen im Mauerwerk erkennt man, dass dieser ganze Komplex früher überdacht war. Unten in der Torpassage ist noch die alte Beschriftung „Fronte Beckers, Flanke, Abschnitt rechts"erhalten.

Wir gelangen in den Bereich des „Hufeisens". Später sehen wir von oben, dass dieser Komplex die Form eines Hufeisens besitzt. Es wird seit einigen Jahren friedlich genutzt, unter anderem für musikalische Veranstaltungen. Wir steigen den Wall hinauf und gehen auf halber Höhe (rechts) um das Hufeisen herum. Leider ist der wunderschöne Spielplatz auf der anderen Seite nicht zugänglich. Er gehört zum Kindergarten.

Wir durchqueren einen Gang, eine „Infanteriegalerie" und gelangen zur „Verteidigungsgalerie". Im Festungsgraben erwartet uns wieder moderne Kunst, überwiegend Steinskulpturen. Im Gegensatz zu den Plastiken auf dem „Königsplatz" wecken sie bei Kindern und den meisten Erwachsenen kaum Interesse. Leider sind die Eingänge in die Minengänge alle vergittert. Wir folgen dem Grabensystem links herum. Die wesentlichen Anlagen der „Minengalerie" wurden zwischen 1919 und 1924 von den Franzosen zerstört: 15 Hauptstollen und 90 Zweigstollen, die zum Teil sechs bis acht Meter unter der Erde lagen und noch liegen. Sie führten viele Kilometer weit in das Vorgelände der Stadt.

Wir gehen rechts hinauf auf den Wall und oben scharf rechts weiter. In einem Rechtsbogen umrunden wir auf dem Fußweg die Festungsanlagen und gelangen so auf die Stadtseite der Fronte Beckers. Bei der Nr. 24 erklärt eine Tafel: „Festung Germersheim errichtet 1834 bis 1861 mit Stadtumwallung, 3 Vorfesten, 7 Vorwerken, ausgedehnten Minenanlagen, Grabenwehr, 2 Stadttoren ...". Wir steigen rechts hinauf und gelangen zum Wanderheim der Pfälzerwald-Vereins-Ortsgruppe Germersheim. Auf dem Wall geht es nach links weiter und wir treten wieder durch eine Toranlage. Dahinter kann man das Hufeisen von oben in voller Größe sehen.
Vor dem Sängerheim gehen wir links abwärts und nach rechts durch die „Klosterstraße". An deren Ende steht halb rechts im Ludwigsring nach 100 Metern das zweite Stadttor der Festung, das **Ludwigstor.** Es beherbergt das *Stadt- und Festungsmuseum*, in dem unter anderem ein Modell der Festung gezeigt wird. Um das Ludwigstor herum befindet sich eine große Rasenfläche mit einem Kinderspielplatz. In nördlicher Richtung, am Schwanenweiher vorbei, ist man in wenigen Minuten wieder am **Bahnhof** oder rechts herum am **Zeughaus**.

Wie kommt man nach Germersheim?
Mit der Bahn: Germersheim liegt an der Strecke Karlsruhe – Ludwigshafen und ist Endbahnhof der Strecke Graben – Neudorf – Germersheim.
Mit dem Auto: Germersheim liegt an der vierspurigen B 9 zwischen Karlsruhe und Ludwigshafen, Abfahrt am nördlichen Stadtende zum Bahnhof; die Zufahrt zum Straßenmuseum ist ausgeschildert.

Weglänge: etwa 4 km

Auskünfte: Verkehrsamt der Stadt Germersheim im Rathaus, Telefon 0 72 74/9 60-2 18

Deutsches Straßenmuseum
Auskünfte: Im Zeughaus, Telefon 0 72 74/50 05 00

Öffnungszeiten:	täglich außer montags	10.00 - 18.00 Uhr
	Samstag und Sonntag	11.00 - 18.00 Uhr

Eintritt:	Erwachsene	DM 6,00
	Kinder	DM 4,00
	Kinder im Klassenverband	DM 2,00
	Gruppen ab 10 Personen	DM 4,00
	Führungen $1^1/_4$ Stunden pauschal	DM 40,00
	Bei Sonderausstellungen extra Preise	

Fronte Beckers

Führung:	1. Sonntag im Monat	11.00 - 15.00 Uhr
	Terminvereinbarung zur Führung außerhalb dieser Zeiten: Telefon 0 72 74/23 71	

Stadt- und Festungsmuseum im Ludwigstor

Öffnungszeiten:	1. Sonntag im Monat	10.00 - 12.00 Uhr
	und	14.00 - 17.00 Uhr

Eintritt: DM 2,00

Einkehr: Wanderheim Fronte Beckers, geöffnet dienstags ab 15.00 Uhr, freitags ab 17.00 Uhr, sonntags ab 9.00 Uhr. Telefon 0 72 74/89 90. Weitere Einkehrmöglichenkeiten in der Stadt.

Kartenempfehlung:
Stadtplan von Germersheim, erhältlich beim Verkehrsamt.

Geheimgänge im Schloss der schönen Clara 13

Von den „Drei Buchen" zur Ruine Neu-Scharfeneck und zur Landauer Hütte

Am kurpfälzischen Hof spielte im ausgehenden Mittelalter eine Liebesgeschichte, die jedoch gut ausging. Kurfürst Friedrich I., von der Nachwelt als der „Siegreiche" gerühmt und von dem es in einem alten Studentenlied heißt: „Wütend wälzt' sich einst im Bette Kurfürst Friedrich von der Pfalz", musste 1449 bei seinem Regierungsantritt geloben, nicht zu heiraten. Das kam so: Eigentlich war sein erst ein Jahr alter Neffe Philipp der Nachfolger auf dem Kurfürstenstuhl. Friedrich war demnach bis zur Volljährigkeit seines Neffen nur Regent. Um Streitigkeiten wegen der Nachfolge zu vermeiden, adoptierte er seinen Neffen und gelobte die Ehelosigkeit.

Doch wie das Leben so spielt, an seinem Hofe lebte als Hofjungfer eine Augsburger Bürgerstochter, Clara Dett. Wie Zeitgenossen übereinstimmend berichten, war Clara außergewöhnlich hübsch und besaß dazu eine sehr schöne Stimme. Was zu der damaligen (nur zur damaligen?) Zeit nicht ungewöhnlich war, Kurfürst Friedrich verliebte sich in die „Dettin" und lebte in der Folgezeit mit ihr zusammen. Beide hatten zwei Söhne. Der älteste starb bereits im Alter von 15 Jahren. Als der 1462 geborene Ludwig größer wurde, ließ sich Friedrich vom Versprechen der Ehelosigkeit entbinden. Er heiratete Clara Dett mit kirchlichem Segen und das trotz des Standesunterschiedes.

Spätestens hier erhebt sich die Frage: Was hat das Ganze mit der Burg Neu-Scharfeneck zu tun? Friedrich I. ließ die 1219 erbaute Burg zwischen 1450 und 1469 sehr großzügig zu einem schönen Bergschloss ausbauen. Als sein Neffe Philipp die Kurwürde angetreten hatte, vermachte er das Schloss und die dazu gehörige Herrschaft seiner Frau Clara bzw. seinem inzwischen 26 Jahre alten Sohn Ludwig und begründete damit die Herrschaft Scharfeneck-Löwenstein.

Diese alten Liebesgeschichten werden die Kinder heute kaum noch interessieren. Sie lockt anderes! Das schöne Bergschloss fiel 1525 im Bauernkrieg dem aufgebrachten Volk zum Opfer und wurde eingeäschert. Inzwischen war die Kanone erfunden und man trug beim Wiederaufbau der modernen Waffentechnik Rechnung: Man versah die neue Burg mit einer 12 Meter dicken und 58 Meter langen Schildmauer. Diese „modern" gebaute Burg überstand den 30-jährigen Krieg nicht. Seit 1633 liegt sie in Trümmern. Doch, was erhalten geblieben ist, kann sich immer noch sehen lassen. Prägendes Element der Ruine ist bis heute die wuchtige Schildmauer geblieben.

Sie ist durchzogen von vielen „Geheimgängen" und versteckten Räumen und Gewölben. Um sie zu erkunden ist eine gute Taschenlampe nötig. Was man damit entdecken kann, lässt jedes Kinderherz höher schlagen.

Um zur Ruine Neu-Scharfeneck zu gelangen, fährt man am besten zum **Waldparkplatz „Drei Buchen"** an der Straße von Weyher bzw. Burrweiler nach Ramberg. Wenn man sich überzeugt hat, dass die benötigte starke Taschenlampe nicht vergessen wurde, kann es los gehen. Oberhalb vom Ramberger Waldhaus „Drei Buchen" (an Wochenenden ehrenamtlich bewirtschaftet) steigt der Pfad mit der Markierung *weißer Strich mit schwarzem Punkt* anfangs ein wenig an, um

Ruine Neu-Scharfeneck – Zwölf Meter dick war die Schildmauer

dann ohne nennenswerte Höhenunterschiede zur **Ruine Neu-Scharfeneck** zu verlaufen. Unterwegs erblickt man auf der gegenüger liegenden Seite die *Ruine Ramburg* und darunter das Bürstenmacherdorf *Ramberg*.

Für die ausgiebige Erkundung der heute noch imposanten Ruine ist ausreichend Zeit vorzusehen. Neben den „Geheimgängen" gibt es viel zu entdecken, wie die kleine Kammer des Burgwächters mit ihrem schießschartenartigen, kleinen Fenster, die Tränken für das Vieh oder der Erker, von dem einst die schöne Clara herabgeblickt haben mag und wie heißt es in der Werbung so viel sagend und und und....

Nach ausgiebiger Besichtigung dieser großartigen Burganlage führt uns der Weg in sieben Minuten zur Landauer Hütte am „Zimmerbrunnen" (an Wochenenden und in den Sommerferien ehrenamtlich bewirtschaftet). Übrigens, hier war beim Bau der Burg der Platz für die Zimmerleute und später der wichtige Burggarten. Heute kann man sich hier preiswert verköstigen.

Für den Rückweg wird folgender Weg vorgeschlagen: An der Ostseite der Hütte wandern wir mit der *Markierung blau-weiß* in nördliche Richtung. Der Weg verläuft ohne nennenswerte Höhenunterschiede bis zu den „Drei Buchen". Nach etwa zwei Kilometern sind wir an der Wegspinne Dreimärker. Hier lädt eine offene Schutzhütte zum Verweilen und Spielen ein. Ein Bildhauer hat den Namen „Dreimärker" gründlich missverstanden. Auf einen Felsblock hat er drei Markstücke eingemeißelt. In Wirklichkeit treffen hier drei Marken, also drei Gemarkungen, aufeinander.

Mit dem Wegzeichen *blauer Strich* gehen wir nach links (nordwestliche Richtung) und gelangen nach gut einer halben Stunde wieder zum **Waldparkplatz „Drei Buchen"**.

i

Wie kommt man zum Waldparkplatz „Drei Buchen"?
Der Parkplatz liegt auf der Scheitelhöhe der Landesstraße von Burrweiler bzw. Weyher (beide an der Weinstraße) im Ramberger Tal. Der Parkplatz ist mit öffentlichen Verkehrsmitteln nicht zu erreichen.

Weglänge:	8 km
Einkehr:	Landauer PWV-Hütte am „Zimmerplatz", samstags, sonn- und feiertags sowie in den Oster- und Sommerferien von 10.00 - 18.00 Uhr, ehrenamtlich bewirtschaftet. Ramberger Waldhaus „Drei Buchen"; samstags 12.00 - 19.00 Uhr, sonn- und feiertags 10.00 - 19.00 Uhr sowie in den Herbst-

und Sommerferien von 12.00 - 18.00 Uhr ehrenamtlich bewirtschaftet.,
Telefon 0 63 45/9 32 82

Kartenempfehlungen:

1 : 25 000 Topografische Karte mit Wanderwegen, Naturparkkarte P12 „Annweiler und Umgebung“ oder „Neustadt, Maikammer, Edenkoben, Landau“

1 : 25 000 Topografische Karte mit Wanderwegen, Naturparkkarte P9 „Neustadt, Maikammer, Edenkoben, Landau“

1 : 200 000 Generalkarte Blatt 18

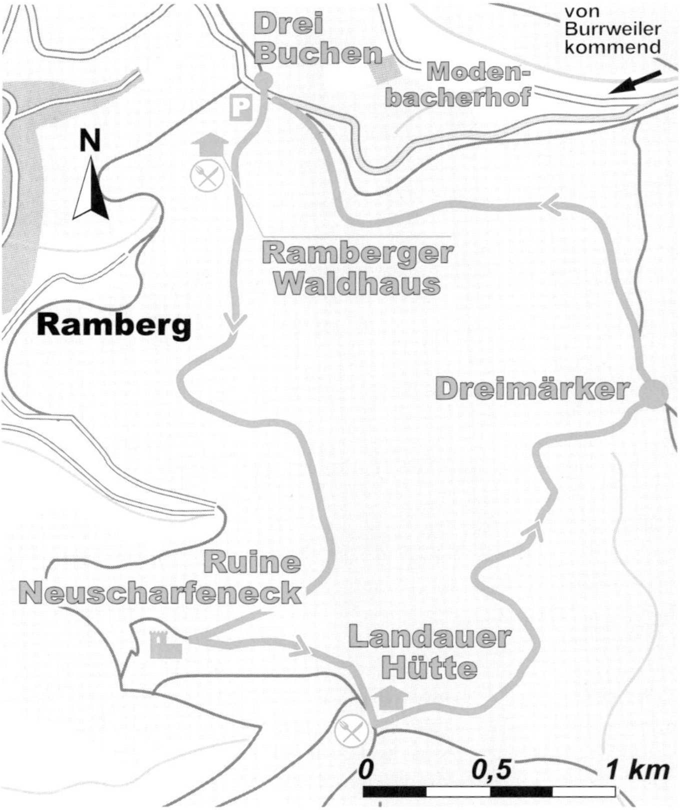

Mit der Sesselbahn zur Rietburg, zu Fuß in das Edenkobener Tal

Die Fahrt mit einer Sesselbahn ist für die meisten Kinder ein Erlebnis – es gibt allerdings auch Ausnahmen. Dass man vom Schloss Ludwigshöhe oberhalb von Edenkoben mit einer Sesselbahn zur Burgruine Rietburg schweben kann, verdanken wir einem Fastnachtsscherz im Jahr 1953. Einige beherzte Männer griffen den Scherz auf und verwirklichten ihn. Noch im gleichen Jahr wurde die Rietburgbahn gebaut und eingeweiht. Heute wäre das unmöglich. Das Genehmigungsverfahren würde Jahre, wenn nicht gar Jahrzehnte in Anspruch nehmen. Bezogen auf den Pfälzerwald könnte heute eine solche Bahn nicht mehr genehmigt werden. 1953 war der Pfälzerwald noch kein Naturpark oder wie heute ein Biosphären-Reservat. So ändern sich die Zeiten.

Ein anderes Ereignis wäre heute auch nicht mehr möglich (oder doch?): Das Kidnappen einer Königin. Im Jahre 1255 nahm Ritter Hermann von der Rietburg unweit des Dorfes Edesheim die Gemahlin Elisabeth des deutschen (Gegen-)Königs Wilhelm von Holland gefangen und brachte sie zur Rietburg. Eine Streitmacht der Stadt Worms belagerte die Rietburg, nahm sie ein und legte sie in Schutt und Asche. Ritter Hermann wird wegen dieser Tat bis heute immer wieder als Urbild eines Raubritters, Wegelagerers und Strauchdiebs hingestellt. Die Historiker sehen das allerdings etwas anders. Sie wissen, dass es ein einfacher Ritter nie gewagt hätte auf eigene Faust eine Königin gefangen zu nehmen. Er handelte in „höherem Auftrag". Dazu muss man wissen, dass damals die Zeit war, in der es nicht nur einen König gab. Es gab zwei, mitunter auch drei Könige nebeneinander, die jeweils nur von einigen Fürsten anerkannt wurden. Doch das ist eines der vielen dunklen Kapiteln deutscher Geschichte, das hier nicht in aller Breite erklärt werden kann.

In die Ruine der Rietburg wurde nach dem Bau der Sesselbahn eine Gaststätte eingebaut und dahinter ein (ganz) kleiner Wildpark mit Damwild angelegt. Der Rest der einstigen Schildmauer ist heute eine Aussichtsterrasse. Von hier oben reicht bei klarer Sicht der Blick vom Taunus bis zum Hochschwarzwald.

Gegen Ende des 19. Jahrhunderts blühten in der Pfalz die Verschönerungsvereine. Ihr Ziel war es die Heimat zu „verschönern". Im heutigen Sprachgebrauch würde man sagen, sie kümmerten sich um die Belange und die Ankurbelung des Fremdenverkehrs. Sie schufen Einrichtungen, die mitunter bis heute kleine Attraktionen darstellen. Im Edenkobener Tal baute der Edenkobener Verschönerungsverein gegen Ende des 19. Jahrhunderts einen künstlichen Wasserfall, das Hilschwasser und zwar an der Stelle, wo sich das schluchtartige Tal zu einer Wiese weitet. Von dieser einst landwirtschaftlich genutzten Wiese sieht man heute nicht mehr viel. An ihre Stelle ist in den 50-er Jahren des 20. Jahrhunderts ein Stauweiher getreten, der Hilschweiher.

Die Rietburgbahn, wie die „erste pfälzische Sesselbahn" seit Jahrzehnten genannt wird, lässt uns in wenigen Minuten von der Talstation unweit des einst bayerischen Schlosses Ludwigshöhe hinauf zur Bergstation bei der **Rietburg** schweben, wobei 220 Meter Höhenunterschied überwunden werden. Bei genauerem Suchen lässt sich hier oben mehr finden als die Ausflugsgaststätte und die Aussichtsterrasse. In der Unterburg entdeckt man weitere Reste der einstigen Reichsburg. Wenn wir sie in westlicher Richtung durch den Halsgraben verlassen, gelangen wir zum kleinen Gehege der Damhirsche. Rechts davon, an der Talseite finden wir die Markierung *roter Punkt*. Sie verläuft bei sanftem Gefälle weiter nach Westen.

Nach gut einem Kilometer heißt es aufpassen! Ein Forstweg, markiert mit dem *weißen Punkt*, verläuft rechts hinunter und bringt uns in großen Schleifen abwärts in das Edenkobener Tal. Fast unten angelangt, wo wir schon den Hilschweiher sehen, vernehmen wir ein leises Plätschern, das Hilschwasser. Hier kann man ohne Gefahr am Wasser spielen. Am Hilschweiher selbst kann man sich ein Boot leihen und über den „See" schippern, das heißt, mit Muskelkraft rudern. Kleinere Kinder, die noch nicht schwimmen können, sollten das nur in Begleitung Erwachsener tun. Eine kleine Seegaststätte sorgt dafür, dass man hier nicht verhungert oder gar verdurstet. Am westlichen Ende des Weihers kann man auch im Wasser plantschen, da er hier noch flach ist.

Wir wenden uns mit dem *roten Kreuz* talabwärts. Am unteren Ende des Hilschweihers passieren wir den Meierhof, heute keine Gaststätte mehr. Hier im wasserreichen Tal drängten sich früher Mühlen und

Wo bleibt mein Futter?

Hammerwerke. Die Gebäude lassen nur mit einiger Fantasie ihre einstige Bestimmung ahnen. Anders bei der Siegfriedschmiede. Hier dreht sich ein (funktionsloses) Wasserrad. Kurz nach dem 30-jährigen Krieg (1618-1648) wurde hier eine Wappenschmiede eingerichtet, in der landwirtschaftliche Geräte hergestellt wurden (siehe Kapitel 18).

Unweit der Siegfriedschmiede führt rechts (in östlicher Richtung) ein mit dem *roten Strich* markierter Weg in einer knappen Viertelstunde zurück zur **Ludwigshöhe**.

i

Wie kommt man zur Ludwigshöhe?
Mit der Bahn: Edenkoben liegt an der Bahnstrecke Karlsruhe – Neustadt. In der warmen Jahreszeit Busverbindung vom Bahnhof Edenkoben zum Schloss Ludwigshöhe.
Mit dem Auto: A 65, Ausfahrt Edenkoben und ab der Kreuzung an der alten B 38 den Wegweisern zur Ludwigshöhe folgen.

Weglänge: insgesamt 5 km

Rietburgbahn (Sesselbahn)

Auskünfte:	Telefon 0 63 23/18 00	
Betriebszeiten:	02. April bis 05. November	
	täglich	9.00 - 17.00 Uhr
Fahrpreise:	Berg- und Talfahrt:	
	Erwachsene	DM 8,00
	Schüler bis 14 Jahre	DM 3,00
	Schüler über 14 Jahre	DM 4,00
	einfache Fahrt:	
	Erwachsene	DM 5,50
	Schüler bis 14 Jahre	DM 2,00
	Schüler über 14 Jahre	DM 3,00
	Gruppenermäßigung	

Einkehr: Burgschenke auf der Rietburg, Telefon 0 63 23/29 36; Raststätte am Hilschweiher, Telefon 0 63 23/29 73; Siegfriedschmiede, Telefon 0 63 23/39 12.

Kartenempfehlungen:

1 : 25 000	Topografische Karte mit Wanderwegen, Naturpark karte P9 „Neustadt, Maikammer, Edenkoben, Landau“
1 : 50 000	TOP-STERN-Karte „Naturpark Pfälzerwald“
1:200 000	Generalkarte Blatt 18

Kleine Erlebniswelt in Neustadt an der Weinstraße

Museale Technik besitzt eine große Anziehungskraft für Jung und Alt. Technik, einst eine Männerdomäne, interessiert inzwischen auch Frauen und Mädchen. Auf besonderes Interesse stoßen alte Eisenbahnen. Wer sich für die (einst) schnaubenden Ungetüme interessiert, ist in Neustadt gerade richtig. Im ältesten Lokschuppen in ganz Deutschland unterhält die Deutsche Gesellschaft für Eisenbahngeschichte ein Eisenbahnmuseum.

Hier stehen nicht nur sehenswerte Eisenbahnfahrzeuge, sondern auch heruntergekommene und verlotterte Objekte. In diesem Zustand werden die Loks und Wagen aufgefunden. Sie waren mitunter Jahrzehnte lang im Freien Wind und Wetter ausgesetzt. In vielen tausend freiwilligen Arbeitsstunden werden sie von Mitgliedern des Vereins in einen ausstellungsreifen, oft auch betriebsfähigen Zustand versetzt. Wie das geschieht kann jeder Besucher während der Öffnungszeiten selbst miterleben.

Bevor man die historischen Bahnfahrzeuge in Augenschein nimmt, sollte man die Treppen zum Obergeschoss des Lokschuppens hinaufsteigen. Dort oben befindet sich nicht nur der Verkaufsraum für Schriften, Postkarten und Souvenirs, sondern auch eine riesige Modellbahnanlage. Auf einer Fläche von 19 auf 7 Meter fahren Züge in Spur I. Daneben gibt es auch noch kleinere Anlagen. Mit einer dürfen Kinder sogar spielen.

Das Museum ist Heimat des „Kuckucksbähnels“ (siehe Kapitel 16). Hier sind außerhalb der Betriebstage der historische Wagenpark und die beiden betriebsfähigen Dampflokomotiven (Baureihe 89/preuß. T3 und die „Speyerbach“) untergebracht. Wer sich für das „Innenleben“ einer Dampflok interessiert, kann dies an einer bayerischen Lok aus dem Jahre 1896 tun, die teilweise aufgeschnitten ist. Besondere Schmuckstücke sind der 1935 gebaute Luxus-Schnelltriebwagen der Baureihe ET 11 und die Dampflok 18 505 (bayer. Gattung S 3/6). Die „18-er“ galten mit Recht als die schönsten Lokomotiven auf Deutschlands Schienen.

Da steht die kleine Lok „Berg“ der Königlich Bayerischen Staatsbahn; sie wurde 1883 bei Krauß & Co in München gebaut. Das älteste Schaustück ist die 1853 bei Maffei in Hirschau bei München gebaute Lok „Pfalz“. Sie schaffte damals schon flotte 100 km/h. Zu den „modernen“ Loks zählt die V 36, eine ursprünglich für die Deutsche Wehrmacht gebaute, später von der Deutschen Bundesbahn benutzte Diesellok. Im Außenbereich steht die 1937 in Dienst gestellte schwere Güterzug-Elektrolok der Baureihe E 93. Daneben befindet sich die

Schnellzuglokomotive der Baureihe E 17, die 1928 beschafft wurde.

Hochinteressant ist auch die Dampf-Schneeschleuder. Sie konnte selbst nicht fahren, sondern musste von einer schweren Lok geschoben werden. In der originalen grünen Farbe präsentiert sich die pfälzische T 5 (95 002), Baujahr 1907; sie stand bis 1975 in Dienst.

Nicht weniger interessant als die vielen Oldtimer dürften die Handhebel-Draisine und das Schienenfahrrad sein, das einst der Inspektion der Strecken diente. Fast übersehen könnte man in der Fülle der Ausstellungsstücke die VW-Draisine Klv 20. Sie konnte mittels einer hydraulischen Hubvorrichtung auf dem Gleis um 180 Grad gedreht werden. Ganz unscheinbar sieht das älteste im Original erhaltene „Fahrzeug" aus, der 1846 gebaute Güterwagen PLB 1010.

Die Hand am Dampfregler

Wo aber sind nun die in der Überschrift genannten Fabeltiere? Dazu muss man das Museum und den Bahnhofsbereich verlassen und einige hundert Meter in Richtung Stadtmitte gehen. Man geht über die Eisenbahnbrücke; an der Ampel kreuzt man die „Landauer Straße"; ein paar Schritte nach rechts und durch die „Gabelsbergerstraße" und geradeaus durch die Einfahrt zum Parkhaus und schon ist man da. (Wem diese Beschreibung zu kompliziert ist, kann fragen). Auf dem bei der „Sanierung" der Altstadt entstandenen Platz hat der Bildhauer Gernot Rumpf dem pfälzischen Fabelwesen, der Elwetrittsche, den Elwetrittsche-Brunnen gewidmet.

Doch, was sind Elwetrittschen? Sie sind nahe Verwandte des nächtlicherweise in Bayern sein Unwesen treibenden „Wolpertingers". Sie können in vielerlei Gestalt in Erscheinung treten. Einige ihre möglichen „Formen" kann man am Brunnen studieren: Körper wie ein Hase, vier Entenfüße, das hübsche Gesicht eines Mädchens, jedoch mit Schnabel und mit langen Zöpfen.

Wer diese Fabeltiere leibhaftig sehen will, sollte sich mit Freunden zu nächtlicher Stunde, versehen mit Laternen und einem riesigen Sack, in den Wald begeben. Dort hält man den Sack offen und schwenkt dahinter mit den Laternen. Die neugierigen Elwetrittschen sehen den Lichtschein und bewegen sich darauf zu. Um zu dem Licht zu gelangen wollen sie durch den Sack kriechen. Wenn sie sich darin befinden macht man den Sack zu und kann sie in Ruhe betrachten.

Wie schon gesagt, Professor Rumpf hat verschiedene Erscheinungsformen dieses Fabelwesens in Bronze gegossen und sie zu einem Brunnen vereint. Das schönste daran haben schon Tausende von

„Eine weibliche Elwetrittsche"

Müttern genossen: Hier können sich die Kleinen, wenn es sein muss, stundenlang vergnügen, ohne dass die Mütter Angst um sie haben müssten. Das Einzige, was passieren kann ist, dass die Schützlinge nass werden. Auf den meisten Elwetrittschen kann man reiten. Sie treiben jedoch allerhand Schabernack – mit Wasser.

Nur wenige hundert Meter weiter gibt es einen anderen von Professor Rumpf geschaffenen lustigen Brunnen, den Paradies-Brunnen hinter der Stiftskirche. Man findet ihn, wenn man vom Elwetrittsche-Brunnen zur „Hauptstraße" und zur (sichtbaren) Stiftskirche geht. Er symbolisiert den Paradiesbaum (Baum der Erkenntnis) mit Äpfeln. Darunter ringelt sich eine lustige Schlange mit Menschenkopf und einem langen Zopf. Zurück zum Bahnhof geht man durch die „Hauptstraße" (Fußgängerzone).

i

Wie kommt man zum Eisenbahnmuseum?
Mit der Bahn: Bis Neustadt Hauptbahnhof und zu Fuß über die Eisenbahnbrücke in die „Schillerstraße"; dort befindet sich der Eingang.
Mit dem Auto: Das Auto kann im Allgemeinen in der „Schillerstraße" geparkt werden.

Weglänge:	vom Bahnhof und zurück	etwa 800 m

Eisenbahnmuseum Neustadt

Auskünfte:	Schillerstraße, 67434 Neustadt, Telefon 0 63 21/3 03 90, Fax 0 63 21/3 25 72	
Öffnungszeiten:	samstags, sonn- und feiertags 10.00 - 16.00 Uhr	
Eintritt:	Erwachsene	DM 6,00
	Kinder (4 bis 16 Jahre)	DM 2,00
Einkehr:	sehr viele Gaststätten in Neustadt	

Kartenempfehlung:
Stadtplan von Neustadt

16 Zum Kuckuck!

Mit der Nostalgiebahn in das Elmsteiner Tal

Die dampfenden und schnaubenden Stahlkolosse verursachen heute wieder bei vielen Erwachsenen ein gewisses Kribbeln auf der Haut, genauso wie vor etwa 150 Jahren, als sie für die einen etwas Unheimliches, für die anderen den Fortschritt bedeuteten. Die Faszination Dampflok zieht Alt und Jung in ihren Bann. Viele erklären es damit, dass „die Dampflok lebt". Man hört sie schnaufen. Wer hätte in den 60-er Jahren des zu Ende gegangenen Jahrhunderts für möglich gehalten, dass die gute alte Dampfeisenbahn eine gewisse Renaissance erleben würde? Eisenbahnmuseen sind das eine, Museumsbahnen das andere. In Museen stehen sie nur noch herum; nur noch zum Anschauen. Bei Museumsbahnen leben sie!

In der Pfalz gibt es nur eine normalspurige Museumsbahn, das „Kuckucksbähnel". Es fährt ab Neustadt Hauptbahnhof bzw. Lambrecht in das romantische Elmsteiner Tal bis zum Endpunkt Elmstein. Die Bahnlinie gehört zu den spät verwirklichten Strecken (Eröffnung im Januar 1909) und wie die meisten von ihnen, zählt sie zu den früh wieder stillgelegten Bahntrassen. Gründe für ihren Bau war der Holzreichtum des riesigen Pfälzerwaldes. Sie ermöglichte unabhängig von Wetter und Jahreszeit sowie vom Wasserstand des Speyerbachs jederzeit den Abtransport des Holzes und seiner Produkte.

Dies änderte sich bald nach dem Zweiten Weltkrieg. Der Personenverkehr rentierte sich angeblich nicht mehr – die Bahn hatte parallel zur Schiene eine Buslinie eingerichtet und ihrer eigenen Bahnstrecke Konkurrenz gemacht. Bereits Ende Mai 1960 kam das Aus für den Personenverkehr. Der Güterverkehr rollte noch bis Ende Mai 1977. Dann wurde es still, zumindest auf den Schienen des „Kuckuck", wie die Bevölkerung ihr Bähnchen seit der Eröffnung liebevoll nannte. Schon 1971 hatte die Bahn die Stationsgebäude verkauft. Den Endbahnhof in Elmstein erwarb ein Unternehmer aus Lambrecht, der darin ein renommiertes Speiselokal eröffnete. Er war es auch, der den Gedanken einer Wiedereröffnung der Bahnstrecke aufrecht erhielt und immer wieder dafür warb. Zusammen mit dem Eisenbahnmuseum in Neustadt (siehe Kapitel 15) konnte der Traum 1984 verwirklicht werden. Seitdem fährt bzw. dampft es an verschiedenen Sonntagen zwischen Ostern und Mitte Oktober und an Dezembersonntagen mit „Nikolausfahrten" wieder durch das Elmsteiner Tal.

Der an Bequemlichkeit gewöhnte Mensch genießt hier auf harten Holzbänken sichtlich das gemütliche Dampfbummeln in das Herz des Pfälzerwaldes. Ganze Familien sieht man wie zu Großmutters Zeiten mit der Bahn fahren. Andere verknüpfen die Nostalgiefahrt mit einer Wanderung in den Pfälzerwald. Da die „rasende" Fahrt auf der knapp zwanzig Kilometer langen Strecke von Neustadt nach

Elmstein rund eine Stunde und zwanzig Minuten dauert, kann man sich im „Speisewagen" stärken.

Bitte einsteigen zur nostalgischen Fahrt ins Emsteiner Tal

Zum Einsatz kommen zwei Dampfloks, eine preußische T 3, Baureihe 98, mit immerhin 290 PS, Baujahr 1910 und eine kleine Industrietenderlok mit Namen „Speyerbach" (das ist der Bach, der durch das Elmsteiner Tal fließt), Baujahr 1904 mit 420 PS. Darüber hinaus steht eine Oldtimer-Diesellok der Baureihe V 36 mit 360 PS, Baujahr 1941, zur Verfügung.

Die Fahrtage und Uhrzeiten findet man in den Fahrplänen und Kursbüchern der Deutschen Bahn AG oder man lässt sich vom Eisenbahnmuseum Neustadt das Faltblatt schicken (bitte frankierten und adressierten Freiumschlag beifügen!).

Wie kommt man zum Kuckucksbähnel?
Mit der Bahn: Bis Neustadt Hauptbahnhof bzw. Lambrecht. Im Umfeld der Bahnhöfe Neustadt und Lambrecht gibt es nur beschränkte Parkmöglichkeiten.

Kuckucksbähnel
Auskünfte: Eisenbahnmuseum Neustadt, Schillerstraße, 67434 Neustadt, Telefon 0 63 21/3 03 90, Fax 0 63 21/3 25 72 oder 0 63 25/86 26 (Frau Kaiser), Internet www.eisenbahnmuseum-neustadt.de

Fahrzeiten:	samstags, sonn- und feiertags 10.00 - 16.00 Uhr	
Fahrpreise:	Neustadt – Elmstein:	
	Rückfahrkarte	DM 20,00
	Familienkarte	DM 42,00
	Lambrecht – Elmstein:	
	Rückfahrkarte	DM 16,00
	Familienkarte	DM 34,00
	Kinder (4 bis 16 Jahre) erhalten 50 % Ermäßigung	
Einkehr:	im Kuckucksbähnel, in allen Orten an der Strecke	

Die beiden Ritter und ihre lederne Brücke 17

Aufstieg zur Burg Spangenberg

Man kann die Fahrt mit dem Kuckucksbähnel mit vielen Wanderungen verknüpfen. Eine Wanderung zur Ruine Elmstein ist nicht sehr lohnenswert, da die Ruine zwar von unten imposant aussieht, jedoch findet man oben nur wenige Mauerbrocken. Für Kinder dürfte die Ruine Spangenberg am interessantesten sein. Der Anstieg vom Bahnhof Erfenstein dauert nicht lange, erfordert ein wenig Anstrengung, da der Weg kurz und steil ist.

Doch vor dem Aufstieg wollen wir uns die Sage von der ledernen Brücke anhören. Die beiden Burgen Spangenberg und Erfenstein lagen sich gegenüber und zwar so nahe, dass man sich durch Zuruf verständigen konnte. In beiden Burgen wohnten Ritter, die eng befreundet waren. Damit sie nicht immer den umständlichen Weg hinunter in das Tal und wieder bergauf unternehmen mussten, ließen sie von Burg zu Burg eine lederne Brücke bauen. Irgendwann gerieten sie beim gemeinsamen Weintrinken auf Burg Spangenberg in Streit. Der Erfensteiner enteilte auf der Brücke zur Burg Erfenstein. Als er deren Mitte erreicht hatte, hieb der Spangenberger mit einem Schwerthieb die Brücke durch und der Erfensteiner stürzte zu Tode.

Unsere Kinder hören zwar, trotz des Fernsehens, immer noch gerne Sagen. Aber sie neigen auch dazu sie zu analysieren. Sie werden sich Gedanken machen, dass eine so lange Brücke aus Leder eine ziemlich wackelige Angelegenheit gewesen sein musste, die Schwindelfreiheit voraussetzte. Ritter waren eben mutige Menschen, die keine Furcht kannten!?

Von der Haltestelle Erfenstein geht man an den Schienen entlang (in Richtung Elmstein). Dann folgt man ganz einfach den Laternen. Sie leiten direkt hinauf zur Burg Spangenberg, die samstags und sonntags ehrenamtlich bewirtschaftet wird.

In der Burgschenke hängen eigenartige hölzerne Instrumente an der Wand. Es sind „Hals- oder Schandgeigen". Wer früher ein böses Mundwerk hatte, wurde an einem gut sichtbaren und gut besuchten Platz damit aufgestellt. Meist war dies am Kirchturm. Durch das große Loch wurde der Hals und durch die beiden kleineren Löcher die Hände gesteckt. Versucht`s doch selbst einmal! Das ist auf die Dauer ganz schön anstrengend. Doch das ist nicht einmal das Schlimmste. Jederman durfte die Delinquenten anspucken. Das wäre für heutige Hygienefanatiker nichts.

In der Schenke, dem früheren Rittersaal, hängt noch eine doppelte Halsgeige. In sie wurden zwei Personen gesteckt, wenn alle beide böse Zungen hatten und sie mussten sich dann während ihrer „Aufstel-

Zwei Burgfräuleins im 21. Jahrhundert

lung" ansehen. Wenn es heute noch diese Strafmethode gäbe, könnte ein ganzer Industriezweig von der Herstellung von Halsgeigen leben.

i

Wie kommt man zur Burg Spangenberg?
Vom Haltepunkt Erfenstein wie oben beschrieben. Dort gibt es auch Parkmöglichkeiten, wenn das Kuckucksbähnel nicht fährt.
Burgschenke Spangenberg

Auskünfte:	Heimatverein Burg Spangenberg, Telefon- und Faxnummer lagen bei Druck noch nicht vor	
Öffnungszeiten:	samstags	ab 13.00 Uhr
sonn- und feiertags		10.00 - 19.00 Uhr

In der historischen Wappenschmiede und im Waldarbeitsmuseum in Elmstein

Zuerst eine Frage: Was sind Wappen? Jeder wird antworten, dass dies die Kennzeichen der Ritter und Adeligen sind. Warum sollten eigentlich diese Wappen geschmiedet werden und konnte davon ein ganzer Berufszweig existieren? In unserem Falle ist dies weit gefehlt. Die Wappen, die geschmiedet wurden und teilweise auch heute noch geschmiedet werden, sind landwirtschaftliche Geräte, wie Hacken, Spaten, Pflugschare, Äxte, Beile und so weiter. In der südlichen Vorderpfalz hört man heute verschiedentlich noch den Ausdruck „Wappen" (im Dialekt: Woobe) für diese Geräte.

Eine Fahrt mit dem Kuckucksbähnel lässt sich sehr gut mit dem Besuch der **Historischen Wappenschmiede in Elmstein** verbinden, zumal die nur an Sonntagen geöffnet ist, wenn auch das Bähnchen fährt. Erwarten Sie keine gewaltige Anlage. Im Gegenteil, sie ist geradezu putzig. Der Wappenschmied arbeitete hier bis 1975 unter sehr beengten Verhältnissen. Wenn man zur Tür herein kommt, stößt man auf das Schmiedefeuer, links steht der „Schwanzhammer" und dazwischen der Ambos.

Die Schmiede befindet sich fast am westlichen Ende des Dorfes, direkt unterhalb der Burgruine. Der Hammerweiher ist auch noch vorhanden. Er versorgt den Hammer immer noch mit Wasser. Allerdings wurde der schon lange nicht mehr mit einem Mühlrad angetrieben, sondern fast schon „modern" mit einer Turbine. Die Turbine dient heute zur umweltfreundlichen Stromerzeugung.

Was der Hammerschmied hergestellt hat, kann man ein Stockwerk höher im **Waldarbeitsmuseum** besehen. Hier sieht man (fast) alles, was zur Waldarbeit gehörte, wie historische Hand- und Motorsägen, Zapfenpflückausrüstung, Beile und Äxte, sogar ein 5 000 Jahre altes Feuersteinbeil. Es unterrichtet über den Holztransport zu Land und zu Wasser, hier auf den Bächen im Pfälzerwald. Ein Film unter dem Titel „Uff'm Holzweg" verdeutlicht die Waldarbeit.

Wie kommt man nach Elmstein?

i

Mit der Bahn: Mit dem Kuckucksbähnel (siehe Kapitel 16), mit Bussen ab Neustadt Hauptbahnhof.
Mit dem Auto: Von der B 39 (Neustadt – Kaiserslautern) in Frankeneck nach Elmstein abbiegen. Parkplatz bei der Wappenschmiede.

Weglänge: vom Museumsbahnhof und zurück etwa 2 km

Historische Wappenschmiede und Waldarbeitsmuseum

Auskünfte:	Verkehrsverein Elmstein e.V., Telefon 0 63 28/2 34
Öffnungszeiten:	wenn das Kuckucksbähnel verkehrt sonntags 14.00 - 16.00 Uhr
Eintritt:	Waldarbeitsmuseum: Erwachsene DM 2,00 Kinder DM 1,00 Waldarbeitsmuseum und Wappenschmiede: Erwachsene DM 2,50 Kinder DM 1,25
Einkehr:	mehrere in Elmstein

Bildersuchwanderung vom Bergstein bis zur Wolfsburg bei Neustadt

Eine Wanderung zu einer großen Zahl von Felsbildern und Skulpturen soll uns jetzt neugierig machen. Es gibt da so viel zu entdecken – und anzumalen, dass ein Beutel voll Kreide nötig wäre. Aber bitte nur Straßenkreide! Man kann die Einmeißelungen in die Felsen in drei Gruppen unterteilen. Die ältesten sind schon viele Jahrhunderte alt: Es sind Grenzzeichen und Wappen; wir folgen auf weite Strecken einer sehr alten Grenze. Das nächste sind Monogramme, Namen, Sprüche und Hauszeichen (die „Wappen des kleinen Mannes"); auch sie können einige hundert Jahre alt sein. Was uns jedoch am meisten interessiert sind bildhafte Darstellungen. Einige aus dem 19. Jahrhundert und etwas einfacher gehalten, andere schon moderner und aus den 60-er und 70-er Jahren des zu Ende gegangenen Jahrhunderts; sie sind aufwendiger und fachmännischer gearbeitet.

Nachdem wir neugierig geworden sind, machen wir uns auf den Weg. Wir beginnen unsere Wanderung auf dem Parkplatz bei der Winzergenossenschaft des Neustadter Stadtteils **Haardt** und gehen in westlicher Richtung (auf den Wald zu), biegen links um die Ecke, gehen an der Welschterrasse (Park) entlang und wenden an der nächsten Ecke rechts den "Kübelweg" hinauf und finden hier unsere *blau-weiße* Markierung. Wo wir rechts oberhalb von uns ein vorbildlich restauriertes Weinbergshäuschen sehen, das wie ein kleiner Tempel aussieht, wandern wir durch die Weinberge rechts hinauf zum Waldrand. Unser Wanderweg verläuft als Zickzackpfad weiter bergauf. Wir müssen aber darauf achten, dass wir der *blau-weißen* und nicht der weiß-blauen Markierung folgen.

In einem Wegknick entdecken wir die Ruine der *St. Josefs-Kapelle*. Sie wurde 1720 erbaut und um 1794 zerstört. Vorher befand sich an gleicher Stelle schon einmal eine Kapelle. Etwa 150 Meter nach dem nächsten Wegknick verlassen wir die bisherige Markierung (*blau-weiß*). An dieser Stelle sehen wir die Tafel eines Waldlehrpfades („Waldweide, Schweinemast und Streunutzung"). Hier biegen wir scharf rechts ab, jetzt mit der Lokalmarkierung *„2"*. Wo danach der Pfad zum zweiten Mal abknickt, wird es für uns interessant.

Bei genauerem Hinsehen entdeckt man, dass hier eine Grenzschneise bergauf verläuft. Auf einem Felsen links des Pfades entdecken wir einen Löwen mit einer Krone, der ein Wappenschild mit den Buchstaben K B in den Pfoten hält. Hier kann schon die Kreide in Aktion treten und schon tritt das Bild plastischer hervor. Direkt daneben ist in einen kleineren Stein ein Hirschkäfer eingemeißelt und wenn man den Stein näher in Augenschein nimmt, entdeckt

Ein Tempel im Weinberg?

man auf dessen Kante eine Eidechse oder ist es ein Salamander? Jetzt heißt es auf jeden Stein achten. Überall kann etwas zu finden sein. Auf einem Grenzfelsen entdecken wir alte Grenzzeichen und das kurpfälzische Rautenwappen. Auf dessen anderer Seite sind die Werkzeuge des Steinmetzen eingemeißelt. Interessanter sind zwei Steinblöcke oberhalb des Weges, auf denen Köpfe mit Schnauzbärten und Kappe bzw. Zipfelmütze zu sehen sind. Auch sie treten plastischer hervor, wenn die Konturen mit Kreide nachgefahren werden. Dann erst erkennt man, der eine ist primitiver gearbeitet, vielleicht nicht fertig geworden, während der andere – künstlerisch besser gearbeitet – sehr lustig wirkt.

Weiter oben erkennen wir so etwas ähnliches wie einen Schmetterling. Und schon sind wir an der Felsgruppe des Bergsteins angelangt. Hier ist fast jeder Felsbrocken interessant. Zuerst liegt ein alter Grenzfelsen vor uns mit der Jahreszahl 1825. Darunter erblicken wir einen großen Engel. Ist es aber wirklich ein Engel? Bei genauerem Hinsehen entdecken wir unten aus dem Rock einen Teufelsschwanz heraus hängen. Also, ein als Engel getarnter Teufel. Darunter ist aus dem Stein ein ganz lustiger Kopf mit Schnurrbart herausgearbeitet. Dann sehen wir zwei Namen: I. Buchner und K. Klein und die Jahreszahl 1880. Vermutlich handelt es sich um die beiden "Künstler", die ihre Werke mit K B gekennzeichnet haben.

Zwei Löwenbändigerinnen am Bergstein

Schräg gegenüber ist eine Gestalt plastisch heraus gearbeitet, eine Art Vogelmensch mit Schlangenfüßen, Schwert und Hahnenkamm (oder Krone?). Es handelt sich um den Vogelgott „Abraxas“, dessen Kult römische Legionäre aus Ägypten mitgebracht haben. So alt ist diese Figur doch noch nicht, denn sie weist noch keine sichtbaren Verwitterungsspuren auf und ist somit nur wenige Jahrzehnte alt. Alle Felsen sind hier über und über mit Namen und Monogrammen übersät. Oberhalb gibt es schöne Wappen, Kirchen und Kapellen zu entdecken. Ein rätselhaftes Wesen, über das wir bei unserer Entdeckungswanderung nicht einig wurden: Die einen meinten es sei ein Hahnenkopf, die anderen glaubten einen Hirsch zu erkennen. Was haben wir noch nicht erwähnt? Ach ja, ein Eichhörnchen mit einer Nuss in den Pfoten, ein Männlein mit "Trapperhut" und und und ... Der Entdeckerfreude sind hier oben (fast) keine Grenzen gesetzt.

Wir könnten viel Zeit verbringen und werden sicherlich noch einiges mehr „zu Tage fördern". Doch gehen wir hier fast eben in nördlicher Richtung, also auf den Weinbietgipfel zu. Nach einigen Minuten kommen wir auf einen mit dem *roten Punkt* markierten Weg, dem wir nach rechts folgen. Nach wenigen weiteren Minuten ist aus einem im Weg liegenden Felsblock ein lebensgroßer Hirsch herausgearbeitet, der Steinerne Hirsch. Er hat mit den übrigen Steinmetzarbeiten nichts zu tun.

Das hier ist eine ganz andere Geschichte. Oben am Geweih sieht man eine leicht verwitterte Inschrift: „F. Bauer 2. Mai 1866". Was hat dieses Datum zu bedeuten? Um diese Zeit waren die Hirsche in der Pfalz durch Bejagen so gut wie ausgerottet. Da entdeckten Jäger am Weinbiet Trittsiegel: Spuren eines Hirsches. Friedrich Bauer und ein Waldhüter pirschten Tage lang dem Hirsch nach bis sie ihn an dieser Stelle erlegten. Dieses „Ereignis" und die Freude den letzten Hirsch in der Pfalz abgeknallt zu haben, wurde mehrere Tage lang sehr feuchtfröhlich gefeiert. Der „Weidmann" ließ darauf hin an der Abschuss-Stelle den Hirsch und das Datum seiner "Heldentat" herausmeißeln.

Wir wollen nicht mehr weiter bergauf steigen, sondern gehen auf dem gleichen Weg wieder zurück. Nach ein paar Minuten müssen wir uns entscheiden, ob wir gleich zurück nach Haardt gehen wollen, um vielleicht noch weitere Skulpturen zu entdecken oder ob wir über die Ruine Wolfsburg wandern wollen. In diesem Falle folgen wir weiter der Markierung *roter Punkt*. Nach kurzer Zeit dürfen wir durch und über ein Gewirr von Felsblöcken, dem Hohfels, zur direkt darunter liegenden **Burgruine Wolfsburg** klettern. Über die Geschichte dieser einstigen Reichsburg berichtet eine Tafel. Wenn man an einem Sonntag unterwegs ist, kann man im Burgkeller etwas zum Trinken bekommen. Die Burg selbst bietet den Kindern nicht allzu viele Entdeckungsmöglichkeiten. Für den Rückweg nach Haardt bleiben wir auf der Markierung *roter Punkt*. Der Weg verlässt die Ruine im Osten, fällt einige Meter steil ab, um dann fast eben weiter zu verlaufen.

i

Wie kommt man nach Neustadt-Haardt?
Mit der Bahn: Bis Neustadt Hauptbahnhof und mit dem Bus nach Haardt, Haltestelle „Winzer".
Mit dem Auto: In Neustadt der Wegweisung nach Haardt folgen. Parkplatz an der Winzergenossenschaft.

Weglänge:	zum Steinernen Hirsch und zurück	6,5 km
	über Hohfels und Burgruine Wolfsburg	8 km
Einkehr:	in Haardt	

Kartenempfehlung:
1 : 25 000 Topografische Karte mit Wanderwegen, Naturparkkarte P9 „Neustadt, Maikammer, Edenkoben, Landau“
1 : 200 000 Generalkarte Blatt 18

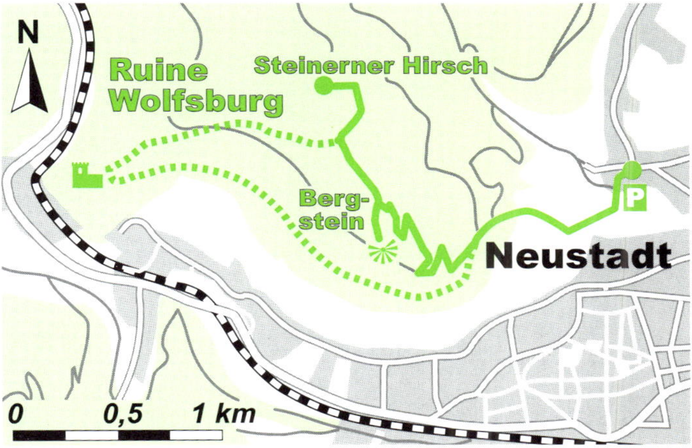

Wir besuchen die römische Villa Rustica bei Wachenheim

Wo und wie haben die Römer bei uns gelebt? Auf das „wie" gibt es eine eindeutige Antwort: Gut, ja sehr gut. Auf das „wo" kann man antworten: Überall in der Vorderpfalz. Das überaus milde, fast mediterrane (mittelmeerische) Klima erinnerte sie sicherlich an Oberitalien, zum Beispiel an die Toskana.

Wer waren die Römer wirklich? Die allerwenigsten stammten wirklich aus Rom. Sie kamen aus allen Teilen der damals bekannten Welt. Doch die meisten, die damals im Gebiet der heutigen Pfalz lebten, dürften wohl einheimische Kelten gewesen sein, die sich sehr schnell und gern an den oft recht luxuriösen Lebensstil der „echten" Römer gewöhnten.

Man liest heute in der einschlägigen Literatur immer noch, die Römer hätten ihren ausgedienten Soldaten als Abfindung Gutshöfe geschenkt, so genannte villae rusticae. Die Aufdeckung römischer Gutshöfe in der Vorderpfalz lehrt uns etwas ganz anderes. Bei den in den letzten Jahrzehnten gefundenen Gutshöfen handelt es sich durchweg um riesige Anlagen, die auch zur Römerzeit schon Millionen wert waren (siehe auch in „Mit Kindern unterwegs. In der Pfalz", Kapitel 4). So etwas schenkt man nicht einem ausgedienten Legionär. Sie waren Besitz einer gehobenen Bürgerschicht.

1980 fand man bei einer Flurbereinigung zwischen Wachenheim an der Weinstraße und Friedelsheim die Reste eines römischen Gutshofes, mit Sicherheit eines Weingutes. Die Fachleute nennen so etwas (mit lateinischen Worten) eine **Villa Rustica**. Das Herrenhaus besaß die beachtliche Frontlänge von 60 Metern. Drum herum gruppierten sich die Wirtschafts- und Nebengebäude. Ein Teil des Geländes wurde damals aus der Flurbereinigung ausgeklammert. Dadurch entstand ein kleines Freilichtmuseum.

Die Römer haben diesen Platz mit Bedacht ausgesucht, denn Jahrhunderte vor ihnen haben hier schon Kelten gesiedelt. Bei den Ausgrabungen fand man Siedlungsspuren aus der Späten Bronzezeit, 1 300 bis etwa 800 v. Chr. und aus der Jüngeren Eisenzeit, 300 bis 200 v. Chr.. Die Römer errichteten hier die ersten Holzbauten bereits um 20 n. Chr. Die Gebäude, vor deren Reste wir heute stehen, stammen aus dem 3. Jahrhundert. Sie bestanden bis zum frühen 4. Jahrhundert. Die Baulichkeiten wurden nach einer kriegerischen Zerstörung notdürftig wieder hergerichtet und noch bis weit in das 5. Jahrhundert hinein bewohnt, vermutlich jedoch mit weit weniger Luxus.

Nachdem im Spätsommer 1999 die neue Bundesstraße 271 fertig gestellt wurde, ist der Gutshof leicht zu finden und zu erreichen. Da,

Ob die Römer ein Brot vergessen haben?

wo die Landesstraße Bad Dürkheim – Friedelsheim die neue Trasse überquert, ist der **Parkplatz „Villa Rustica"** angelegt mit einem direkten Zugang zum Freigelände. Wenn man eintritt, sieht man gleich links einen nach römischem Vorbild angelegten kleinen Weinberg. Der Winzer nennt diese Art „Kammertbau". Rechts ist aus dem Grabungsaushub ein Hügel aufgeschüttet. Da wollen wir zuerst hinauf steigen. Von oben gewinnt man einen Gesamtüberblick der Anlage. Eine Tafel informiert über den ursprünglichen Zweck einzelner sichtbarer Teile, gibt eine bildliche Darstellung, wie man sich das Ganze zur Römerzeit vorzustellen hat und erläutert die Geschichte der Villa Rustica.

Im Gelände sind alle Gebäudeteile mit Tafeln gekennzeichnet, auf denen ihr ursprüngliches Aussehen dargestellt ist. Neben dem Weinberg stand die Darre, der Trockenraum für Getreide und Obst. Davor stehen Steinsärge, die man dabei gefunden hat und Reste von Grabdenkmälern. Ein wenig abseits lagen die Ställe. Schließlich hatten die Römer eine feine Nase und wollten nicht unbedingt ständig Stallgeruch schnuppern.

Die Römer lebten komfortabel. Alle Wohngebäude besaßen Fußbodenheizung (das so genannte Hypocaustum), eine Technik, die erst 1 600 Jahre nach ihnen wieder entdeckt wurde. Dazu hatte das Herrenhaus – und auch das Gesindehaus (Haus für die Bediensteten) – je eine Badeanlage mit je einem Heißbad (Caldarium), einem Warmbad (Tepidarium) und einem Kaltbad (Frigidarium). Man sieht, sie ließen ihre Arbeiter ein wenig an ihrem Wohlstand teilhaben.

Eine Besonderheit sind die römischen Toiletten. Sie hatten gesellschaftlichen Charakter. Man ging selten allein zur Toilette. In unserem Fall war sie nur zweisitzig. Vielleicht hat man die Mehrsitzige noch nicht gefunden. Bei vielen Gutshöfen dieser Art waren sie vier- bis sechssitzig. In Pompeji bei Neapel hat man sogar eine 24-sitzige Toilette gefunden. Heute würde man sagen, die römischen Klos waren „Kommunikationszentren". Da wurden die neuesten Nachrichten und Gerüchte (nicht Gerüche) verbreitet. Auf dem Klo haben die Römer Geschäfte abgewickelt, kaufmännische, versteht sich. Die anderen Geschäfte sowieso. Gerüche verbreiteten die Abortanlagen nicht, da darunter ständig Wasser floss.

Die Römer besaßen bereits ein großes medizinisches Wissen. Da wundert es nicht, dass zu jedem Haus ein Kräutergarten gehörte. Auch sie fehlen hier nicht. Darin werden die wichtigsten ihrer Heil- und Küchenkräuter gezeigt. Mitten in der Anlage steht ein rekonstruierter Backofen. Wenn man überlegt, dass die gezeigten Ausgrabungen nur einen Teil der früheren Anlage darstellen, kann man sich unschwer ausmalen, wie groß der gesamte Komplex einmal gewesen ist. Bestimmt kein Pensionärsheim für einen ausgedienten Legionär!

i

Wie kommt man zur Villa Rustica bei Wachenheim?
Mit der Bahn: Nach Wachenheim (Bahnstrecke Neustadt – Grünstadt). Vom Bahnhof in nördliche Richtung; nach dem Neubaugebiet rechts ab in östlicher Richtung zu den Ausgrabungen.
Mit dem Auto: Auf der neuen B 271 von der A 65 in Richtung Bad Dürkheim bis zum Parkplatz „Villa Rustica" unterhalb von Wachenheim.

Weglänge:	vom Bahnhof Wachenheim und zurück 4 km

Villa Rustica

Auskünfte:	Verkehrsamt Wachenheim, Weinstraße 16, 67157 Wachenheim, Telefon 0 63 22/95 80 32
Eintritt:	frei

Einkehr:	in Wachenheim und in Friedelsheim

Kartenempfehlungen:

1 : 25 000	Topografische Karte mit Wanderwegen, Karte Naturparkkarte P6 „Bad Dürkheim und Umgebung“
1 : 50 000	TOP-STERN-Karte „Deutsche Weinstraße“
1 : 200 000	Generalkarte Blatt 15

Besuch im Pfalzmuseum für Naturkunde in Bad Dürkheim

Kinder sind bekanntlich nicht immer für einen Museumsbesuch zu begeistern. Vielfach bestehen Museen immer noch aus voll gestopften Vitrinen und es gibt sehr viele Texte zum Lesen. Das ist schon für Erwachsene recht ermüdend und man ist bald kaum noch aufnahmefähig, auch wenn man sich für das Dargebotene noch so sehr interessiert. Für Kinder ist so etwas „stinklangweilig“ um im neudeutschen Kinderjargon zu bleiben.

Für die Museen bedeutet diese Erkenntnis eine Gratwanderung zwischen dem Museumszweck einerseits und einer Art Spielsalon oder Disneyland andererseits. Das **Pfalzmuseum für Naturkunde in Bad Dürkheim** (Stadtteil Grethen) beherrscht seit Jahren diese Gratwanderung sehr gekonnt. Es bietet Naturkunde und naturhistorische Forschung, aber auch für Kinder und Jugendliche das eigene Erleben, Erkunden, Erfühlen und Ertasten der Natur. Das Museum wird zum Teil vom Naturkundeverein „Pollichia“ mit getragen und betreut.

Es bietet immer wieder Sonderveranstaltungen oder Aktionen für Kinder und Jugendliche an und richtet Kindergeburtstage aus.

Schon äußerlich macht das **„Pollichiamuseum“**, wie es noch heißt, sehr viel her. Es ist in einem prächtigen Barockbau untergebracht und die nähere Umgebung ist nicht weniger beeindruckend. Das Gebäude ist die alte Herzogsmühle und dahinter erstreckt sich der große Herzogsweiher. Der Name geht auf den Pfalzgrafen Johann Casimir zurück, der als „Jäger aus Kurpfalz“ überliefert ist. Er war von 1583 bis 1592 „Verweser“ des Kurfürsten von der Pfalz. Mit anderen Worten, er herrschte als Kurfürst an Stelle seines noch minderjährigen Neffen. Er ließ während seiner Regierungszeit die herrschaftliche Mühle und den „300 Schritt langen und 100 Schritt breiten“ Mühlweiher anlegen. Nach ihm benannte das Volk die Mühle.

Schon bevor wir das Museum betreten, ist in der Außenanlage einiges geboten. Da gibt es Gesteinsproben, Kleinbiotope, eine Blumenwiese, einen Amphibienteich und ein Tierfreigehege. Doch was ist das? Da stehen Hochspannungsmaste herum und es ist fast kein Problem die Isolatoren zu berühren. Ist das nicht gefährlich und unverantwortlich? Nein! Die Leitungen stehen nicht unter Strom. Hier wird lediglich demonstriert, wie man die Isolatoren verkleiden kann, um Großvögel, wie Störche, vor dem tödlichen Stromschlag zu schützen.

Im **Erdgeschoss** des Museums begegnen wir den Lebewesen der Eiszeit, das heißt, ihren Resten, die man immer wieder im Rheinkies findet. Darunter ist ein ganzes Skelett eines Ur- oder Auerochsen. Stoßzähne, Unterkiefer und Knochen des Mammuts demonstrieren überzeugend, wie groß der bei uns damals lebende Verwandte des Elefanten war.

Auf einer riesigen Reliefkarte kann man auf Knopfdruck Berge, Burgen, Städte und Gewässer in der Pfalz aufleuchten lassen. In einem weiteren Raum befindet sich eine Schildkröte aus Holz. Man kann sie in Teile zerlegen und auf jedem Teil findet man einen Hinweis auf ihre Lebensbedingungen. In einem Schaukasten erblickt man Versteinerungen aus der Karbonzeit, die hauptsächlich beim Kohlebergbau gefunden wurden. Des weiteren gibt es Darstellungen der verschiedenen Saurier aus der Jura- und der Kreidezeit.

In einer Vitrine wird der 15,75 Kilogramm schwere Meteorit gezeigt, der am 5. Mai 1869 bei Krähenberg auf der Sickinger Höhe herunter ging. Seine Einschlagbahn am Himmel konnte damals in fast ganz Europa beobachtet werden. Dann gehen wir in eine Kabine, ziehen die Vorhänge zu. In einer Vitrine erblicken wir eine Menge von Steinen, die nicht besonders aufregend aussehen. Was soll das Ganze? Des Rätsels Lösung wird klar, wenn man auf einen Schalter drückt. Dann erlischt das Licht und Ultraviolett-Lampen gehen an. Jetzt leuchten die Steine in den herrlichsten Farben. Ein beeindruckendes Schauspiel. Beim Erlöschen des UV-Lichtes leuchten einige Steine noch nach.

Im **Untergeschoss** ist man nochmals bei den Eiszeitskeletten. In einer Art Grotte kann man die verschiedensten Formen von Kristallen bewundern.

Vom Keller steigen wir **zwei Stockwerke** höher. Dort ist ein Raum dem pfälzischen Meeres- und Polarforscher Georg von Neumayer gewidmet (geboren 1826 in Kirchheimbolanden, gestorben 1909 in Neustadt). Mitten im Raum steht eine Nachbildung des Wegweiserbaumes bei der Georg-von-Neumayer-Station in der Antarktis. Ein Wegweiser gibt die Entfernung nach Neustadt mit 13 361 Kilometer an. Durch ein Mikroskop kann man ein wahres „Ungeheuer" ansehen. Es ist ein Floh, allerdings in 60-facher Vergrößerung. Besondere Aufmerksamkeit wird der mit Playmobil nachgestellte „Lebensraum Antarktis" erregen.

Ein weiterer Raum ist den Vögeln gewidmet. Hier sieht man hauptsächlich ausgestopfte Präparate. Dann wird auf die Wiederansiedelung des Storches in der Pfalz hingewiesen. Diese Aktion scheint inzwischen erste Erfolge zu zeitigen. Dann kommt man zum heimischen Wild. In einem Kasten kann man durch Streicheln verschiedene Fellarten vom Maulwurf bis zum Wildschwein erfühlen. Die Natur ist hier im wahrsten Sinne des Wortes erfühlbar gemacht. Weiter werden die bei uns ausgestorbenen, besser gesagt, ausgerotteten Tierarten gezeigt, wie Wolf, Bär, Fischotter oder Biber.

Ein **weiteres Stockwerk** höher begegnen wir der „kleinen Raupe Nimmersatt". In Modellen und Darstellungen wird auf die Saline Bad Dürkheim verwiesen. Im Flur darf man verschiedene Gewürzkräuter erriechen. Nach kurzer Zeit glaubt man in einer Apotheke zu sein. Ein kleiner Raum ist den einheimischen Süßwasserfischen gewidmet. In einer Vitrine sieht man einen Stör, der 1881 im Rhein bei Germersheim gefangen wurde und mehrere Meter lang ist. Das war kein Anglerlatein!

Das **Dachgeschoss** nennt sich „Raritäten-Kabinett“. Es demonstriert, wie solche Museen noch vor Jahrzehnten aussahen: In bedrängender Enge stehen vollgestopfte Vitrinen. Es handelt sich dabei um originale Schauschränke des alten Pollichiamuseums, das früher in der Stadtmitte untergebracht war. In einer Vitrine steht ein weißer Rehbock, ein so genannter Albino. Auf einem Zettel liest man: „Erlegt von Seiner Exzellenz dem Königlichen Staatsrat im Regierungspräsidium der Pfalz, Herrn von Braun, am 19. Juli 1868 im Revier Schaidt im Bienwald“. Besonders kurios sind die Nachbildungen von Kindergesichtern mit fast vergessenen Krankheiten, wie dem Grind, der Grätze oder der Dyphterie. Nach diesem etwas makabren Abschluss verlassen wir das Museum.

Wie kommt man zum Pfalzmuseum für Naturkunde?
Mit der Bahn: Bad Dürkheim liegt an der Bahnstrecke von Neustadt an der Weinstraße nach Grünstadt. Das Museum im Stadtteil Grethen ist vom Bahnhof mit dem Bus zu erreichen.
Auskunft: Stadtwerke Bad Dürkheim, Telefon 0 63 22/935-811.
Mit dem Auto: Das Museum liegt an der B 37 Ludwigshafen – Bad Dürkheim – Kaiserslautern. Die Zufahrt ist im Stadtteil Grethen ausgeschildert. Parkplatz im Hof des Museums oder in der „Hermann-Schäfer-Straße“.

Pfalzmuseum für Naturkunde Bad Dürkheim

Auskünfte:	Pfalzmuseum für Naturkunde, Hermann-Schäfer-Straße 17, 67 098 Bad Dürkheim-Grethen; Telefon 0 63 22/94 13 12, Fax 0 63 22/94 13 11	
Öffnungszeiten:	täglich	10.00 - 17.00 Uhr
	mittwochs	10.00 - 20.00 Uhr
	montags geschlossen	
Eintritt:	Erwachsene	DM 3,00
	Kinder	DM 2,00
	Familienkarte	DM 7,50
	Gruppenermäßigung ab 10 Personen	
Einkehr:	im Café und Restaurant „Herzogsmühle“oder im Stadtteil Grethen	

Kartenempfehlungen:
1 : 50 000 TOP-STERN-Karte „Naturpark Pfälzerwald“
1 : 200 000 Generalkarte Blatt 15

Wir besuchen die Hardenburg bei Bad Dürkheim

Kinder haben ihre bestimmte Vorstellung, wie eine Burg auszusehen hat. Sie muss groß sein. Sie muss möglichst viele „Geheimgänge“ und Kammern haben. Genau so ist die Burgruine Hardenburg bei Bad Dürkheim. Leider ist sie, wie alle pfälzischen Burgen, nur noch eine Ruine. Aber was für eine Ruine! Sie ist die großartigste Burgruine, die das burgenreiche Land aufzuweisen hat.

Die Erbauer der Burg waren die Grafen von Leiningen. Sie sind in der deutschen Geschichte ein Beispiel dafür, dass sich Schutzvögte sehr schnell zu Beherrschern und dann zu Besitzern aufschwangen. Entweder 1025 oder 1030 (so genau weiß man das nicht) schenkte der Salierkaiser Konrad II. seinen Familiensitz Limburg oberhalb von Bad Dürkheim dem Benediktinerorden, damit darin ein Kloster eingerichtet wird. Klöster brauchten und suchten einen Beschützer, einen so genannten Schutzvogt. Der sollte das Kloster gegen Übergriffe schützen und die Klosterrechte verteidigen. In diesem Fall waren es die Grafen von Leiningen, die in dieser Gegend ihr ursprüngliches Herrschaftsgebiet hatten. Sie entstammen einem uralten Hochadelsgeschlecht, das sich nach (Alt-)Leiningen nennt. Ja richtig: nennt. Denn das Geschlecht ist noch nicht ausgestorben. Es lebt noch im Odenwald (Amorbach) und im Westerwald.

Die Leininger waren machthungrig und streitsüchtig. Damit unterschieden sie sich nur wenig von anderen Adelsgeschlechtern. Allein im 15. Jahrhundert waren sie an 20 Fehden und Kriegen beteiligt, die nicht immer zu ihren Gunsten ausgingen. Durch kluge Heiratspolitik vergrößerten sie ihre Machtbasis durch Gebiete in Lothringen und im Elsaß. 1779, zehn Jahre vor der Französischen Revolution, wurden sie zu Reichsfürsten erhoben.

Wie schon gesagt, die Leininger bemühten sich nicht lange um den Schutz des Klosters Limburg. Schon bald, so um das Jahr 1206, bauten sie sich auf dem Gebiet des Klosters eine stolze Burg, die 1317 zur Stammburg der Linie der Grafen von Leiningen-Hardenburg werden sollte. Sie eigneten sich also fremdes Gebiet an, für dessen Schutz sie eigentlich bezahlt wurden.

Im Laufe der Jahrhunderte wurde die Hardenburg immer mehr vergrößert, modernisiert und den geänderten Verhältnissen und Moden angepasst. Mit dem Aufkommen der Geschütze wurden Mauern und Türme verstärkt. Ab 1500 entstanden die wuchtigen Bastionen oder Batterietürme, wie die Geschütztürme genannt werden. Diese mit mehreren Meter dicken Mauern versehenen Rundtürme sicherten die Burg in alle Himmelsrichtungen. Ihre Reste sind auch heute noch recht beeindruckend. Auch das Ende der Burg kam. 1692 sprengten die Franzosen die Außenwerke. Sie wurden provisorisch wieder aufgebaut. Doch 100 Jahre später (1794) waren es wieder die Franzosen, die der Burg den endgültigen Todesstoß versetzten und sie in Flammen aufgehen ließen. Was übrig geblieben ist, beeindruckt noch immer.

Vom Parkplatz oder der Bushaltestelle an der Bundesstraße 37 steigt man in etwa zehn Minuten hinauf zur **Hardenburg**. Wo sich heute das Torgewölbe befindet, befand sich bei der ersten Burg der Halsgraben. Habt ihr die Taschenlampen nicht vergessen? Wir brauchen sie bereits hier. Seitlich an das Gewölbe schließen sich Kammern an und wir entdecken schnell, dass sie weiter führen. Ein Eingang führt zu einem früheren Treppenturm, in dem man noch die Ansätze der Wendeltreppe deutlich erkennt. Und dann sind wir wieder im Freien, im Vorhof der Burg. Hier wollen wir uns einen ersten Überblick verschaffen. Dominierend sind die Bollwerke mit ihren dicken Mauern und den trichterförmigen Öffnungen für die Geschütze. Die Mauern der Westbastion sind sieben Meter dick!

Der interessantere Teil der Burg folgt erst. Doch dazu muss man zuerst Eintritt bezahlen. An den Abmessungen der Burg erkennt man sofort, dass es sich nicht um eine Ritterburg, sondern um eine Grafenresidenz gehandelt hat, die auch der Selbstdarstellung der Herren Grafen diente. Der riesige Pallas, der Saalbau, wurde von Zeitgenossen wegen seiner Pracht gerühmt. Von dieser Pracht ist nichts mehr erhalten. Nur die Fantasie kann sie vor dem geistigen Auge wieder erstehen lassen. Zu einer Residenz gehörten auch die Ziergärten. Mit ihnen konnte man ebenfalls renommieren. Aber auch eine Münze musste vorhanden sein, wo das eigene Geld geprägt wurde.

Zu einer so großen Burg gehörten Ställe, Schmieden und andere Werkstätten, Räume für das sicherlich reichlich vorhandene Personal, Amtsstuben, ein Archiv und riesige Keller, in denen ebenso große Fässer mit Wein lagerten. In der Unterburg am Ende des Ziergartens, in dem die große Brunnenschale steht, schließt eine Schildmauer die Burg nach Osten und zum Tal hin ab. Die „Geheimgänge" darin müssen unbedingt mit der Taschenlampe erkundet werden. Daneben, auf der Südseite befand sich der für jede Burg so wichtige Obst- und Gemüsegarten. Denn die Burgbewohner hatten damals keinen Supermarkt gleich um die Ecke. Dass sich die hochadeligen Burgbewohner nicht nur von Obst, Gemüse, Schweine-, Rind- oder Wildfleisch ernährten, erbrachten Ausgrabungen der Abfallgrube. Die Archäologen entdeckten darin auch Austernschalen. Man muss sich vor Augen halten, die konnten damals noch nicht mit Tiefkühlzügen von der Meeresküste antransportiert werden.

Winzig erscheinen die Kinder im Hof der Hardenburg

Man kann Stunden in der weitläufigen Ruine verbringen und wird immer noch Neues entdecken. Um eine Burg, wie die Hardenburg, richtig kennen zu lernen, muss man sie mehrfach besuchen.

Wie kommt man zur Burgruine Hardenburg?
Mit der Bahn: Bad Dürkheim liegt an der Bahnstrecke von Neustadt an der Weinstraße nach Grünstadt. Der Stadtteil Hardenburg ist vom Bahnhof mit dem Bus zu erreichen.

Mit dem Auto: Die Ruine liegt oberhalb der B 37 Ludwigshafen – Bad Dürkheim – Kaiserslautern. Parkplatz am westlichen Ortsende des Stadtteils Hardenburg. Vom Parkplatz sind es nur knapp 10 Minuten zur Burg.

Weglänge:	vom Parkplatz zur Burg und zurück	1 km

Ruine Hardenburg

Auskünfte:	Burgverwaltung Hardenburg, 67 098 Bad Dürkheim-Grethen, Telefon 0 63 22/75 30	
Öffnungszeiten:	Karwoche bis 30. September:	
	täglich	10.00 - 18.00 Uhr
	1. Oktober bis 30. November und 1. Januar bis Sonntag vor Ostern	
	täglich	10.00 - 17.00 Uhr
	Im Dezember und montags geschlossen	
Eintritt:	Erwachsene	DM 4,00
	Kinder ab 6 Jahren	DM 1,50
	Studenten, Rentner, Behinderte	DM 2,00
	Gruppenermäßigung ab 20 Personen	DM 3,00
Einkehr:	in der „Lindenklause" gleich hinter der Burg oder im „Waldschlössl" unten an der Bundesstraße	

Kartenempfehlungen:

1 : 25 000 Topografische Karte mit Wanderwegen, Naturparkkarte P6 „Bad Dürkheim und Umgebung"

1 : 50 000 TOP-STERN-Karte „Naturpark Pfälzerwald"

1 : 200 000 Generalkarte Blatt 15

23 Kanapee, Suppenschüssel, Briefkasten, Portmonee – mitten im Wald

Was der historische Rundwanderweg bei Bad Dürkheim alles zu bieten hat

Das kann doch nicht wahr sein! So etwas stellt oder wirft doch niemand in den Wald. Sie ahnen schon, dass es sich hier nicht um Müll, Sperrmüll oder Ähnlichem handelt. Wir wandern hier auf historischen Pfaden und diese Namen hat der Volksmund gefunden. Der im Bad Dürkheimer Stadtteil Leistadt beginnende und endende historische Rundwanderweg führt uns in eine 2000-jährige Geschichte. Er ist sehr gut gekennzeichnet und vorbildlich beschildert.

Um den Kindern den etwas langweiligen Weg zwischen Leistadt und dem Wald zu ersparen, beginnen wir unsere Wanderung oben beim **Forsthaus „Lindemannsruh"**. Wir gehen am Nordende des Waldparkplatzes auf dem asphaltierten Sträßchen zum Fernmeldeturm (es gibt nur dieses eine Sträßchen). Dort wo es endet, wandern wir geradeaus auf dem Waldweg weiter. Nach etwa 100 Metern sehen wir zum ersten Mal den Wegweiser *„Hist. Rundweg"* mit dem Pfeil nach rechts und dem stilisierten Grenzstein als Markierungszeichen.

Nach einigen hundert Metern kommen wir zur Teufelsmauer, einem in große Blöcke zerbrochenen Felsenriff des Mittleren Buntsandsteins. Etwa 200 Meter danach stoßen wir auf einen Hohlweg, dem wir links abwärts folgen. Es handelt sich um eine alte Römerstraße. Nach weiteren 50 Metern weist uns eine Tafel auf die tief in die Felsen eingegrabenen römischen Wagenspuren hin. Die Römer hatten für ihre Karren und Fuhrwerke genormte Spurbreiten. Gleich darauf lesen wir „Briefkasten". Links im Felsen entdecken wir einen gemeißelten Schlitz wie bei einem Briefkasten. Die Sage erzählt, die Jungfrau, die hier ein Laubblatt einwirft, wird bald einen Freier finden. Ihr könnt einmal mit den Händen hinein fühlen, ob vor euch gerade eine Jungfrau da gewesen ist.

Über einer breiten Felsspalte lesen wir „Portmonee". Auch hier gibt es eine Sage: Wer einen Stein hinein wirft, wird reich werden. Wie man sieht, haben viele Menschen die Sage wortwörtlich genommen. Ob es geholfen hat? Wo wir rechts unter uns Hütten und Wochenendhäuser sehen, heißt es ein wenig aufpassen. Hier stoßen wir auf die *weiß-rote* Markierung. Wir gehen hier noch etwa 100 Meter geradeaus und dann scharf links (mit *weiß-rot* und dem Wegweiser *„Ungeheuer-See"*) hinauf. Unser Weg steigt anfangs an, um dann fast eben am Hang entlang weiter zu führen.

Bald erblicken wir vor uns ein steinernes Dach. Es gehört zur *Laura-Hütte*, einer steinernen, offenen Schutzhütte. Sie wurde 1845 von dem Weingutsbesitzer und Jäger Wilhelm Retzer für seine lungenkranke Tochter Laura erbaut. Hier stoßen wir wieder auf unseren

Historischer Grenzstein von 1595

historischen Rundweg. Schon bald ziehen sich mehrere Hohlwege bergabwärts. Den letzten steigen wir links hinauf.

Wenn wir jedoch zum *Ungeheuer-See* und zur *Weisenheimer Hütte* wollen, bleiben wir auf der Markierung *weiß-rot*. Zu diesem idyllischen kleinen natürlichen Waldsee mit einer kleinen schwimmenden

Insel ist es noch knapp ein Kilometer. Nach genossener Einkehr gehen wir bis zu dieser Stelle zurück und folgen weiter dem Rundweg.

Nachdem wir später ein paar Treppenstufen hinauf gestiegen sind, gelangen wir zum Krummholzerstuhl. Es handelt sich um einen römischen Steinbruch aus dem 2. und 3. Jahrhundert n. Chr. Hier haben die Römer Steine für die Stadtmauer von Borbetomagus (heute: Worms) gebrochen. Man sieht im Felsen deutlich die Spuren des Abbaus. Nur wenige Schritte sind es bis zur Suppenschüssel. Rechts am Weg steht ein Felsen, in den eine quadratische Vertiefung eingemeißelt ist. In früheren Jahrhunderten wurden in regelmäßigen Abständen Gemarkungsrundgänge veranstaltet. Die Suppenschüssel wurde mit Wein gefüllt, allen Neubürgern wurde das Gesicht hinein gedrückt und dann durften sie einen Schluck trinken. Die ganze Zeremonie sollte dazu dienen, dass sich die Bürger ihre Ortsgrenzen besser einprägen sollten.

Nach einigen Wegschleifen erinnert uns ein sehr schöner leiningischer Grenzstein daran, dass wir uns auf einer uralten Grenze befinden. Darauf sehen wir das leiningische Wappen mit den drei (lustigen) Adlern auf blauem Grund, die Jahreszahl 1595 und „HARTENBERKEIGENTUMGEHELTZ“. Man braucht schon ein wenig Zeit, um diese Inschrift genau zu verstehen. Es war demnach Eigentumswald (Gehölz) der Grafen von Leiningen-Hardenburg (siehe auch Kapitel 22).

50 Meter später zeigt der Wegweiser nach links zum Kanapee. Wir sehen zwei große Felsplatten, in die Treppenstufen und eine Art Sitzbank eingemeißelt sind. Es handelt sich um die Reste einer Einsiedlerklause vom 14. bis 16. Jahrhundert. Zurück und auf dem Rundweg weiter. Gleich darauf geht es links zur Teufelsbank. In einen Felsen ist eine Art Sitzbank eingemeißelt. Die gesamte Bergfläche macht hier einen zerwühlten Eindruck. Es handelt sich um einen Oberflächen-Steinbruch aus der Römerzeit. Man hat hier noch so manches Werkstück gefunden, wie zum Beispiel steinerne Sargdeckel.

Dem Wegweiser *„Leistadt“* folgend wandern wir der Teufelsmauer entlang auf den Fernmeldeturm zu und auf dem bereits bekannten Asphaltsträßchen zurück zur **„Lindemannsruh“**.

i

Wie kommt man zur Lindemannsruh?
Mit der Bahn: Nach Bad Dürkheim (Bahnstrecke Neustadt – Grünstadt). Vom Bahnhof mit dem Bus zur Lindemannsruh.
Mit dem Auto: Auf der B 271 (Neustadt – Grünstadt) nach Kallstadt; hier an der Kirche abbiegen nach Leistadt; dort vor dem ersten Haus links ab und der Wegweisung „Altleiningen“ folgen zur Lindemannsruh.

Weglänge: 8,5 km; einschließlich Ungeheuer-See 11 km

Auskünfte: Tourist-Information, Mannheimer Straße 24, 67098 Bad Dürkheim, Telefon 0 63 22/9 35-1 56, Fax 0 63 22/9 35-1 59, Internet www.bad-duerkheim.de

Einkehr: Forsthaus „Lindemannsruh“ und „Weisenheimer Hütte“ am Ungeheuersee, geöffnet: sonntags, 15. März bis 01. Dezember von 10.00 - 18.00 Uhr

Kartenempfehlungen:
1 : 25 000 Topografische Karte mit Wanderwegen, Naturparkkarte P6 „Bad Dürkheim und Umgebung“
1 : 200 000 Generalkarte Blatt 15

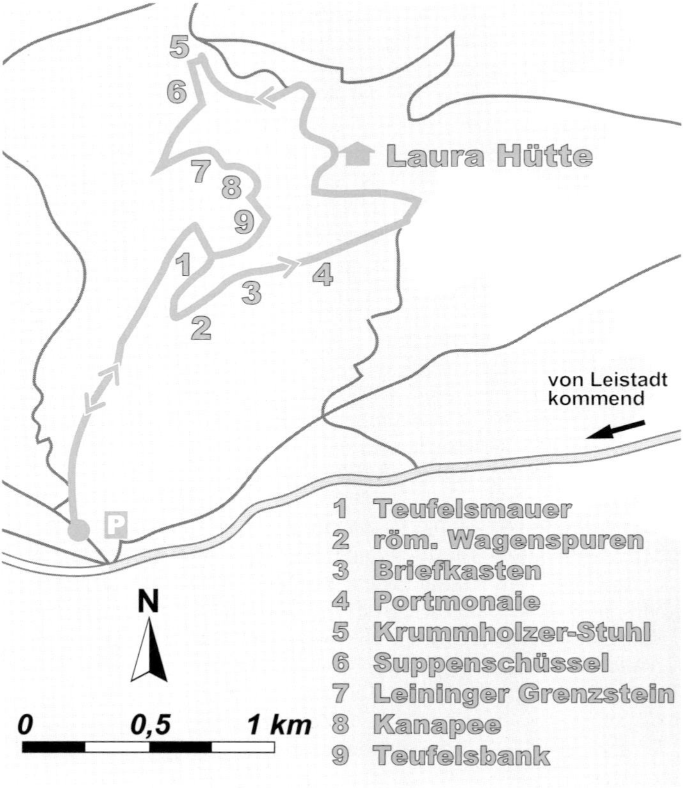

Nostalgiebähnchen, Puppen und Badespaß am Eiswoog bei Ramsen

Der Eiswoog. Die einen behaupten, er sei bereits im Mittelalter von den Mönchen des nahen Zisterzienserklosters Ramosa in Ramsen zur Fischzucht angelegt worden. Dagegen spricht der hohe Staudamm. Er wäre zur Fischzucht unnötig gewesen. Andere meinen, er sei in 18. oder 19. Jahrhundert als Wasserreservoir für die Hammerwerke am Eisbach errichtet worden. Wie dem auch sei. Genaues weiß man nicht. Hier öffnet sich ein weites Feld für die Heimatforscher.

Für wieder andere weist der Eiswoog oder genauer gesagt, das Eistal eine andere Bedeutung auf. Für die Eisenbahnfreunde ist die Eistalbahn die landschaftlich schönste Bahnstrecke der Pfalz. Sie weist nicht nur die schönsten, sondern auch die höchsten und längsten Eisenbahnbrücken der Pfalz auf. Dabei kann die Eistalbahn auf eine lange Vorgeschichte, jedoch auf eine nur kurze Betriebsgeschichte zurückblicken.

Bereits im Jahr 1865 forderten die Freiherrn von Gienanth, bedeutende Industrielle der Pfalz, den Bau der Eistalbahn, als die kürzeste Verbindung von Worms nach Kaiserslautern. Erst 1919, also kurz nach dem Ende des 1. Weltkriegs, wurde der Bau der Bahn beschlossen. Bereits im Herbst des gleichen Jahres wurden die Bauarbeiten aufgenommen. Sie kamen 1923 zum Erliegen, nachdem die Franzosen das Deutsche Reich links des Rheins besetzt hatten. Erst im Oktober 1926 konnten die Arbeiten fortgeführt werden. Der Bau des 481 Meter langen Stempelkopftunnels und der drei Brücken, die das Bockbachtal überspannen – darunter die 271 Meter lange und 36 Meter hohe Brücke über den Eiswoog – waren ausschlaggebend, dass der reguläre Bahnbetrieb erst im November 1932 aufgenommen werden konnte. Damals wurde die Bahneröffnung von Kritikern als eine der schönsten, zumindest aber eine der teuersten Nebenbahnen Bayerns (die Pfalz gehörte damals noch zu Bayern) „gewürdigt“.

Trotz schwerer Zerstörungen gegen Ende des 2. Weltkrieges wurde zu Beginn der 50er Jahre der Betrieb wieder aufgenommen. Doch das (vorläufige) Ende kam am 30. September 1976, als hier der Personenverkehr eingestellt wurde. Nur noch ein paar wenige Nostalgiezüge haben seither die Strecke befahren. Am Übergang vom 2. zum 3. Jahrtausend besteht berechtigte Hoffnung, dass die Bahn wieder aus ihrem Dornröschenschlaf wachgeküsst wird.

Was gibt es sonst noch am Eiswoog? Ja, den Eiswoog selbst. Bereits in den 30er Jahren des 20. Jahrhunderts war er ein Anziehungspunkt für die Naherholung. Seine „große“ Zeit kam in den Jahren nach dem 2. Weltkrieg. Der Eiswoog mauserte sich zum beliebten Badesee. Mit dazu trug der auf dem Staudamm erbaute Landgasthof „Forelle“ bei.

Badespaß am Eiswoog

Wie sieht es heute am Beginn des 3. Jahrtausends aus? Am **Eiswoog** kann man immer noch kostenlos baden. Da das Wasser im großen Uferbereich seicht ist, können sich dort auch Kleinkinder gefahrlos tummeln. Wem das zu wenig ist, kann sich Tret- oder Ruderboote mieten oder ganz einfach auf seiner mitgebrachten Luftmatratze „zur See fahren".

Eine besondere Attraktion wartet im „Jagdsaal" des Landgasthofs: das mit 3,5 Quadratmetern größte **historische Puppenhaus** Deutschlands. Es wurde in den Jahren 1883 bis 1885 für die Kinder des Freiherrn von Gienanth geschaffen. Seine Einrichtung war damals schon so kostbar, dass die Kinder nur mit wenigen Gegenständen darin spielen durften. Es zeigt eine komplett eingerichtete gutbürgerliche Wohnung des ausgehenden 19. Jahrhunderts mit einem für die damalige Zeit noch sehr seltenen Badezimmer. Ein Billardtisch mit Miniaturkugeln und Miniaturbillardstock darf da nicht fehlen. Das Spinnrad ist ganz aus Elfenbein geschnitzt. Einige Gegenstände, wie der Blumentisch, sind aus Eisen gegossen. Dazu muss man wissen, dass die Gienanths die bedeutendste Eisengießerei der Pfalz besaßen. Das Anschauen des Puppenhauses ist kostenlos! Auf Wunsch erklärt Gräfin von Hoensbroech-Gienanth den Besuchern das Puppenhaus.

Wer auf „fischigen" Leckerbissen steht, kann sich am Fuße des Staudamms in der Fischzuchtanstalt eindecken. Auch für die Kleinen, die außer Fischstäbchen, allem Fischigen auf dem Essteller abhold sind, kann das Beobachten der Fische in den Becken und Teichen viel Spaß bereiten.

Eine besondere Attraktion erwartet Jung und Alt unter der höchsten, längsten und schönsten Eisenbahnbrücke der Pfalz: der „Bahnhof“ der **Stumpfwaldbahn**. 1989 wurde die zwei Kilometer lange Nostalgiebahn vom Kleehof zum Eiswoog von Eisenbahnenthusiasten ins Leben gerufen. Sie fährt auf Feldbahngeleisen (600 mm-Spur). Das Anfangsmaterial fand man in den nahen Ton- und Klebsandgruben von Eisenberg und Hettenleidelheim. Inzwischen hat sich der Lokomotivbestand auf 15 Feldbahnloks, darunter eine Dampflok von 1912, erhöht. Etwa alle halbe Stunde von Ende Mai bis Anfang Oktober zuckelt das Bähnchen sonn- und feiertags durch den Stumpfwald.

Das Umrangieren der Lok am Endbahnhof „Kleehof“ gestaltet sich wegen einer fehlenden Ausweiche für die „Mitreisenden“ zu einem zeitaufwendigen, aber nichtsdestotrotz genossenen Spektakel. Parallel oder genauer gesagt, hinter den „fahrplanmäßigen“ Zügen rattern kuriose Fahrzeuge über die Strecke. Man könnten sie als Rasenmäher mit Anhänger auf Schienen bezeichnen. Doch, schauen Sie selbst! Wer seine Muskeln spielen lassen will, kann mit Schienenfahrrädern über die Strecke strampeln. Übrigens, wenn der Zug unterwegs von Schmetterlingen überholt wird, muss das nicht unbedingt daran liegen, dass Schmetterlinge im Eistal besonders schnell fliegen!

Der nahe **Klosterdorf Ramsen** kann auch mit einigen Besonderheiten, ja Merkwürdigkeiten, aufwarten. Da plätschert vor dem ehemaligen Konventsgebäude des Klosters, heute Forstamt, ein Brunnen. Er stammt noch aus dem Mittelalter. Auf ihm ist ein Fisch dargestellt, der einen Menschen verschluckt. Es soll wohl den Wal darstellen, der

Mädchenherzen schlagen höher – Landgasthof Forelle am Eiswoog

Jonas verschlingt (Altes Testament). In Ramsen befindet sich auch die Fahrzeugsammlung der Stumpfwaldbahn und die dem gleichen Verein gehörende Sammlung historischer Landmaschinen.

Noch ein Hinweis für die Anfahrt. Da an schönen Sonntagen die Parkplätze am Eiswoog überfüllt sind, empfiehlt es sich den Parkplatz etwa 300 Meter westlich vom Kleehof anzufahren und von dort mit der Stumpfwaldbahn zum Eiswoog weiter zu „reisen".

Man kann auch vom Bahnhof Ramsen aus zum Kleehof bzw. zum Eiswoog wandern. Man geht in westlicher Richtung durch die „Bahnhofstraße". Unterwegs liegt links der Klosterhügel mit den beiden Kirchen. Dort findet man auch den besagten Brunnen. Weiter geht es durch die „Mühlstraße". An deren Ende trifft man auf die Markierung *gelber Strich*, die neben dem Eisbach zum Kleehof und weiter zum Eiswoog leitet. Ab Kleehof kann man bereits mit der Stumpfwaldbahn fahren. Zurück zum Bahnhof Ramsen geht es auf dem gleichen Weg.

i

Wie kommt man zum Eiswoog?
Mit öffentlichen Verkehrsmitteln: Der Eiswoog liegt noch im Verkehrsverbund Rhein-Neckar. Unter der Woche ist der Eiswoog gut angebunden (bis Ramsen oder Grünstadt mit der Bahn und weiter mit dem Bus. Sonn- und feiertags gibt es nur wenige Verbindungen. Bitte vorher genau erkundigen!
Mit dem Auto: Aus dem Raum Rhein-Neckar auf der A 6 bis zur Ausfahrt Wattenheim, dann über Hettenleidenheim und Ramsen in Richtung Enkenbach; etwa 300 Meter nach dem Kleehof links Waldparkplatz oder weiter zum Eiswoog. Aus der Westpfalz auf der A 6 bis zur Ausfahrt Enkenbach, dann durch Enkenbach-Alsenborn in Richtung Eisenberg und Grünstadt zum Eiswoog oder weiter zum Waldparkplatz 300 Meter westlich vom Kleehof.

Weglänge:	zum Kleehof und zurück	6 km
	zum Eiswoog und zurück	9 km

Stumpfwaldbahn

Auskünfte:	Stumpfwaldbahn e.V., 67305 Ramsen, Telefon 0 63 56/80 35, e-Mail: Stumpfwaldbahn@gmx.de, Internet www.myweb.de/Stumpfwaldbahn
Fahrzeiten:	letztes Drittel des Mai bis ca. 10. Oktober halbstündlich von etwa 10.00 - 18.00 Uhr
Fahrpreise:	Hin- und Rückfahrt:

Erwachsene	DM 4,00
Kinder bis 12 Jahre	DM 3,00
Kinder bis 3 Jahre sind frei	
Einfache Fahrt:	
Erwachsene	DM 3,00
Kinder bis 12 Jahre	DM 2,00
Kinder bis 3 Jahre sind frei	

Einkehr: Landgasthof „Forelle“ am Eiswoog oder im Landgasthaus „Kleehof“

Kartenempfehlungen:

1 : 25 000 Topografische Karte mit Wanderwegen, Naturparkkarte P3 „Grünstadt und Umgebung“

1 : 50 000 TOP-STERN-Karte „Naturpark Pfälzerwald“

1 : 200 000 Generalkarte Blatt 15

Der Festkalender für die Pfalz weist zwischen April und Spätherbst mitunter Dutzende von Festen an jedem Wochenende auf. Sie dienen mit ganz wenigen Ausnahmen nur dem Konsum, das heißt dem Essen und Trinken. Der Pfälzer bringt es in seinem Dialekt drastisch auf den Punkt: Fress- und Sauf-Feschtelscher. Die Fremdenverkehrsstrategen mögen es mir verzeihen, diese Feste sind nicht kindgerecht, sie sind geradezu kinderfeindlich, da sie sich ausschließlich an Erwachsene und deren Wünsche und Bedürfnisse wenden. Damit wir uns richtig verstehen, hier soll Niemandem der Spaß an diesen Festen verdorben werden. Auch wenn im Rahmen dieser Feste Volksbelustigungen oder Umzüge stattfinden, so sind sie nicht für Kinder geeignet, da diese nur passiv „teilnehmen" können. Umzüge sind für Kinder oft nur eine Qual.

Die wenigen Ausnahmen davon sind an beiden Händen abzuzählen. Einige sollen hier vorgestellt bzw. empfohlen werden.

Fröhliches Kunterbunt – Beim Korkenangeln

Ein gemeinnütziges, kinderfreundliches Fest in Bad Bergzabern

Das „Fröhliche Kunterbunt" in Bad Bergzabern kann schon auf eine lange Tradition zurückblicken und trotzdem ist es so jung und erfrischend geblieben, wie am Anfang. Kulisse bildet der Platz neben dem Renaissance-Schloss der Herzöge von Pfalz-Zweibrücken mit seinen wuchtigen Rundtürmen. Hintergrund ist die Förderung von Hilfsprojekten in der Dritten Welt. Der Ausrichter ist die katholische Pfarrgemeinde St. Martin in Bad Bergzabern. Hier wird zwar auch Essen und Trinken angeboten, aber der Erlös dient ausschließlich guten und sozialen Zwecken, in den meisten Fällen der Hilfe zur Selbsthilfe.

Es beginnt bereits Freitag abends und endet am späten Nachmittag des Sonntags. Selbstverständlich ist auch für die Unterhaltung der Erwachsenen gesorgt, aber die Kinder stehen doch im Mittelpunkt. Ihnen wird geboten, was ihnen am meisten Spaß macht. Das sind Geschicklichkeitsspiele wie Dosenwerfen oder Korkenangeln. Der Umgang mit Farbe ist bei Kindern besonders beliebt; Malen oder Anmalen gehört einfach dazu. Bei den Luftballonwettbewerben ist natürlich ein gutes Stück Glück mit im Spiel, wessen Ballon mit Karte wohl am weitesten fliegt.

Spaß für Klein und Groß beim Fröhlichen Kunterbunt

i

Wie kommt man nach Bad Bergzabern?
Mit der Bahn: Bad Bergzabern ist wieder mit der Bahn zu erreichen. Vom Bahnhof sind es nur wenige hundert Meter in westlicher Richtung bis zum Schloss.
Mit dem Auto: Bad Bergzabern liegt an den B 38, 48 und 427. Parkmöglichkeiten in der Nähe des Bahnhofs.

Auskünfte: Katholisches Pfarramt, Weinstraße 36, 76 887 Bad Bergzabern, Telefon 0 63 43/93 93 03 oder Kurverwaltung Bad Bergzabern, Telefon 0 63 43/93 40 15 oder 93 40 25

Der Kinderhof beim Weinfest in Rohrbach

Weinfeste in der Pfalz (oder sonst wo) sind sicherlich nicht für Kinder gedacht, auch wenn deren Eltern gerne dort hin gehen. Doch, was macht man, wenn man selbst Kinder hat, gern auf ein Weinfest geht und keine Großeltern hat, bei denen man den Nachwuchs „parken" kann? Eltern möchten gerne mit Gleichgesinnten feiern, Kinder finden das (zu Recht) stinklangweilig. Vor dieses Problem sahen sich vor Jahren auch junge Eltern in Rohrbach gestellt. Sie gründeten eine Initiative. Seither gestalten sie jährlich im Rohrbacher Weingut Dausque einen Kinderhof.

Tapfere Krieger ...

Doch von Anfang an. Seit mehr als zwanzig Jahren wird jeweils am 2. Wochenende im Juni in Rohrbach ein Weinfest gefeiert. Nichts Besonderes in der Pfalz, der weinreichsten Region Deutschlands. Das Besondere kommt: Angehörige des Gymnastik-Vereins Rohrbach organisieren an den Samstag- und Sonntagnachmittagen für die Sprösslinge Erlebnisstunden. Die Kulisse bildet ein alter Bauernhof in der „Hintergasse". Jedes Jahr steht der Kinderhof unter einem anderen Motto und jedes Jahr wird etwas anderes geboten und organisiert. Mal ist es das Mittelalter, mal sind es die Indianer. Man sucht und findet Themen, die bei Kindern auf besonderes Interesse stoßen.

Es wird gebastelt, gemalt, manchmal auch gekocht, es werden selbst geschriebene, kleine Theaterstücke einstudiert und auch aufgeführt. Tänze werden geprobt. Für die Theateraufführungen werden die Kostüme und sonstige Utensilien, wie zum Beispiel Schwerter, selbst angefertigt. Während sich der Nachwuchs samstags öffentlich

„produziert", wird sonntags hauptsächlich gebastelt. Diese Initiative wurde für ihr Engagement bereits ausgezeichnet.

Was kostet das Ganze? Die Teilnahme ist grundsätzlich kostenlos. Zum Finanzieren der Unkosten ist ein Spendenkässchen aufgestellt. Lediglich bei größerem Aufwand, wie dem Herstellen von Kostümen wird ein (wirklich) kleiner Unkostenbeitrag erhoben.

Bleibt nachzutragen, der Kinderhof steht nicht nur den Einheimischen offen, sondern allen Besuchern, egal woher sie kommen. Und noch etwas: In jedem Jahr werden alte, meist ausgestorbene Handwerke vorgestellt. Eine wirklich lobenswerte und auch nachahmenswerte Initiative.

...und tanzende Squaws beim Indianerfest

i

Wie kommt man nach Rohrbach?
Mit der Bahn: Rohrbach ist Haltepunkt an der Bahnstrecke Karlsruhe – Landau – Neustadt an der Weinstraße.
Mit dem Auto: A 65, Abfahrt Rohrbach. Die Wegweisung leitet direkt in die Ortsmitte.

Kinderhof beim Weinfest in Rohrbach
An jedem 2. Wochenende im Juni, Samstags- und Sonntagsnachmittags im Weingut Dausque, in der Hintergasse.

Auskünfte: Zentrale für Tourismus, Südliche Weinstraße, An der Kreuzmühle 2, 76829 Landau, Telefon 0 63 41/94 04 07, Fax 0 63 41/94 05 02

Einkehr: in Winzerhöfen und Gaststätten in Rohrbach

Oldtimer-Schleppertreffen in der südlichen Vorderpfalz

Die Zeiten sind längst vorbei, als Technik nur etwas für „gestandene Männer" war oder allenfalls noch für deren jugendliche Söhne. Heute interessieren sich Frauen und Mädchen ebenso dafür, besonders dann, wenn es sich um alte Technik handelt. Der Mensch hat im Zuge der „Nostalgiewelle" die Liebe und den Hang zu Oldtimern entdeckt, zuerst die alten Autos und Eisenbahnen, dann aber sehr schnell auch die landwirtschaftliche Technik.

Während die Autos, wenn sie nicht mehr fahrtüchtig waren, schnell auf dem Schrottplatz landeten, sah dies bei Ackerschleppern anders aus. Sie waren von ihrer Konzeption her langlebiger und ein Landwirt stellte zumeist den alten Schlepper in einer Ecke ab, wenn er sich einen neuen kaufte. Von daher ist es erheblich teurer, ein Oldtimer-Auto zu kaufen und herzurichten, als einen Ackerschlepper. Insofern ist die große Vielfalt der Schleppertypen bei Oldtimertreffen nicht verwunderlich. Sich einen Porsche als Oldtimer zu leisten ist bei den Traktoren immer noch ein recht preiswertes Hobby. Das größte der Oldtimer-Schleppertreffen in der Pfalz findet alle zwei Jahre in Ottersheim statt. In den Zwischenjahren gibt es ein Treffen in Hochstadt. Ein weiteres in Heuchelheim-Klingen soll jährlich stattfinden.

Während Erwachsene zumeist bei ihrem Anblick in Erinnerung schwelgen („weißt du noch?"), steht bei den Kindern die Frage im Vordergrund, was man damit gemacht hat. Wenn ein Kind neben einer Dreschmaschine aus den 30-er Jahren steht und seinen Vater fragt, was man damit gemacht hat und die Antwort erhält „man hat damit Getreide gedroschen", kann es schon einmal vorkommen, dass das Kind mit den Begriffen „Getreide" und „dreschen" nichts anfangen kann. Soweit sind wir bereits gekommen.

Damit solche Fragen an Ort und Stelle geklärt werden können, werden bei diesen Treffen, zumindest in Ottersheim, alte Landmaschinen im praktischen Betrieb vorgeführt. Da sieht man einen Bindemäher beim Mähen eines Getreidefeldes. Daneben steht dann die erwähnte Dreschmaschine, die das Getreide ausdrischt. Der Kartoffeldämpfer diente einst der Herstellung größerer Mengen von Futterkartoffeln. Dass die darin gegarten Kartoffeln auch dem Menschen hervorragend schmecken, davon kann man sich selbst überzeugen.

Groß ist die Vielfalt der Hilfsgeräte, die an den Traktor angebaut werden konnten. Überraschend vielfältig sind auch die Anbaugeräte für die oft winzigen „Einachser".

Damit alte Handwerke nicht in Vergessenheit geraten, sieht man den Hufschmied bei seiner schweißtreibenden Arbeit. Man kann mitverfolgen, wie aus einem unscheinbaren Stück Eisen ein recht kompliziertes Hufeisen wird. Dort kann man dem Korbflechter bei seiner Arbeit zuschauen, dem Holzschuhmacher oder dem Rechenmacher. All diese Erzeugnisse kann man an Ort und Stelle kaufen.

Als Kontrast zur Nostalgie stehen die allerneusten Schleppermodelle aufgereiht. Da steht ein riesiger supermoderner Mähdrescher mit schwingungsgedämpfter und klimatisierter Kabine neben einem Oldtimer aus den 50-er Jahren. Der wirkt daneben wie ein Spielzeug. Nicht nur die modernen Landmaschinen dürfen bestiegen werden, auch ein Teil der Oldtimer. Bei den Kindern stellt sich ein Gefühl der Überlegenheit ein, wenn sie hoch oben in der „Schaltzentrale" eines riesigen Mähdreschers sitzen.

Bei den Schleppern gibt es moderne riesige Maschinen, bei denen

Beim Oldtimer-Schleppertreffen in Ottersheim

ein Hinterreifen mehr kostet, als ein Auto der Golfklasse. Wenn man dann die Winzlinge der 50er Jahre sieht, mit denen damals eine moderne Landwirtschaft betrieben wurde, kommt man schnell ins Grübeln. Da sieht man die kleinen Einachsschlepper für den Kleinbauern oder den Schmalspurschlepper, der in der Pfalz für den Weinbau erfunden wurde. Hier benötigte man einen Traktor, mit dem man in den schmalen Rebzeilen der Weinberge arbeiten konnte. Sie wurden damals von den großen Schlepperfirmen mitleidig belächelt. Dieses Lächeln verging den Großen jedoch sehr schnell, als man die Verkaufsziffern der „Kleinen" sah und bald musste jede Firma auch ihren „Schmalen" anbieten können.

Ein Kleinzoo mit allerlei Getier lockt oft mehr die Erwachsenen, als die Kinder an. Beliebte Objekte sind die Ziegen, besonders, wenn sie

Junge haben.
Ein großer Teil des „alten Eisens", soweit er restauriert und betriebsfähig ist, wird vorgeführt und besprochen, damit der „Laie" auch weiß, worum es geht.

In Ottersheim dient ein riesiges, abgeerntetes Getreidefeld in der Größe mehrerer Fußballfelder als Schauplatz. Die Plätze in Heuchelheim und Hochstadt sind etwas kleiner. Dafür wird hier jeweils ein Schlepperkorso durch das Dorf geboten.

Oldtimer-Schleppertreffen in Ottersheim

Wie kommt man nach Ottersheim?
Mit dem Bus: Aus Landau und Germersheim.
Mit dem Auto: Ottersheim liegt an der Landesstraße Landau – Bellheim – Germersheim. Der Weg zum Festplatz ist ausgeschildert.

Termine: voraussichtlich jeweils im August in den ungeraden Jahren (2001, 2003 usw.)

Oldtimer-Schleppertreffen in Hochstadt

Wie kommt man nach Hochstadt?
Mit dem Bus: Aus Landau und Germersheim.
Mit dem Auto: Hochstadt liegt an der B 272 Landau – Germersheim/Speyer. Der Weg zum Festplatz ist ausgeschildert.

Termine: voraussichtlich jeweils im August in den geraden Jahren (2000, 2002 usw.)

Auskünfte: Büro für Tourismus Offenbach,
Telefon 0 63 48/98 62 01

Oldtimer-Schleppertreffen Heuchelheim-Klingen

Wie kommt man nach Heuchelheim-Klingen?
Mit dem Bus: Aus Landau und Bad Bergzabern.
Mit dem Auto: A 65, Ausfahrt Rohrbach, dann über Rohrbach und Billigheim. Der Weg zum Festplatz ist ausgeschildert. Oder von der B 38 (Landau – Bad Bergzabern) in Billigheim-Ingenheim abzweigen.
Termine: voraussichtlich jeweils im August

Auskünfte: Büro für Tourismus Landau-Land,
Telefon 0 63 45/35 31

Stichwortverzeichnis

Kapitel-Nummerierung

Wir über uns

Der Pfälzerwald-Verein

Liebe Familien, liebe Leser,

kann ein Hundertjähriger noch jung sein oder „jung denken“? Wenn es sich um einen Menschen handelt, so kann man diese Frage getrost mit nein beantworten. Handelt es sich jedoch um einen Verein, so kann und sollte die Antwort anders ausfallen.

Der Pfälzerwald-Verein wurde zu Beginn des 20. Jahrhunderts in der Industriestadt Ludwigshafen gegründet. Im Gegensatz zu den meisten anderen Wandervereinen stand bei seiner Gründung nicht die wirtschaftliche Erschließung einer Region im Vordergrund. Die Sehnsucht nach der verlorenen Natur veranlaßte die Menschen einer aufstrebenden Chemiestadt einen Verein zu gründen, um preisgünstiger in den Pfälzerwald zu kommen. Man muß wissen, daß damals eine Bahnfahrt dorthin mehr als den Tagesverdienst eines alleinverdienenden Fabrikarbeiters verschlang.

Zu den ureigensten Aufgaben des Pfälzerwald-Vereins zählte von Anfang an die Förderung des Jugendwanderns. Bereits kurz nach seiner Gründung organisierte er eintägige und einwöchige „Schülerwanderungen“, die es auch Kindern aus bedürftigen Familien ermöglichten, daran teilzunehmen. Die Begründung dazu lautete damals: „Die nachteiligen Folgen des Großstadtlebens auf Körper und Geist sind unbestritten. Auch unsere Jugend hat darunter zu leiden. Schon klagen Schulen über einen nervösen, blutarmen, gleichgültigen und für die Schönheiten der Natur abgestumpften Nachwuchs; über ein heranwachsendes Geschlecht, das frühzeitig dem Alkohol und der Rohheit verfällt und schließlich den materiellen Genuß als Endziel ansieht...“ Das kommt uns doch sehr bekannt vor. Sollte sich wirklich seit 90 Jahren kaum etwas geändert haben? Heute sind es nicht allein die Stadtmenschen, die in die Natur streben, sondern auch die Dorfbewohner.

Das Bestreben, besonders der jüngeren Generation das Interesse an der Natur und am Wandern schmackhaft zu machen, veranlaßte den Pfälzerwald-Verein vor längerer Zeit jungen Familien besondere Angebote zu unterbreiten. Inzwischen gibt es in vielen der 238 Ortsvereinen Gruppen, die speziell aus jungen Familien bestehen. Sie bieten eigene, kindgerechte Programme an. Hierbei steht grundsätzlich der Erlebniswert im Vordergrund. Ideen dazu liefert nicht zuletzt die Buchreihe „Wandern mit Kindern". Daneben wirbt die Deutsche Wanderjugend im Pfälzerwald-Verein mit einer reichhaltigen Palette von Lehrgängen und Freizeiten. Die intensive Familien- und Jugendarbeit wird seit Jahren durch steigende Zahlen von Jugendmitgliedern honoriert.

Seit seiner Gründung kennt der Pfälzerwald-Verein den Familienbeitrag. Er beträgt derzeit 15,- DM im Jahr für die ganze Familie mit Kindern bis 14 Jahren. Dazu erheben die Ortsgruppen einen Zuschlag. Jugendmitglieder zahlen 4,- DM pro Jahr zuzüglich Ortsgruppenzuschlag. Erst seit wenigen Jahren gibt es daneben den Einzelbeitrag für „Singles".

Die Satzung des 1902 gegründeten Vereins war bereits so fortschrittlich, daß sie bis heute nur unwesentlich geändert werden mußte. Die Hauptziele, neben der Jugendarbeit, sind damals wie heute das Wandern, das Markieren von Wanderwegen und der Umweltschutz. Die Mitglieder des Pfälzerwald-Vereins unterhalten rund 12000 Kilometer markierte Wanderwege. Seit Anbeginn war es das Vereinsziel, den Wanderern, und nicht nur den eigenen Mitgliedern, preiswerte Einkehrmöglichkeiten zu bieten. So unterhält der Verein heute mehr als 100 (!) ehrenamtlich bewirtschaftete Hütten. Sie waren und sind soziale Einrichtungen.

Diese Ziele und die Anstrengungen des Pfälzerwald-Vereins, sie zu verwirklichen, wurden von der Bevölkerung belohnt. Heute ist er der drittgrößte Wanderverein in Deutschland. Das bedeutet allerdings nicht, daß sich der Verein damit zufrieden gibt. Auch Sie können noch Mitglied werden! Gerne gibt Ihnen unsere Geschäftsstelle weitere Auskünfte.

Ihr Heinz Richard Wittner

Pfälzerwald-Verein e. V.
Fröbelstraße 24
67433 Neustadt an der Weinstraße
Telefon 0 63 21/22 00, Fax 0 63 21/3 38 79

144 Seiten, 29 Schwarzweißfotos

„Spaß für und mit Kindern" – das ist das Motto Heinz R. Wittners, der selbst Kinder hat und seit Jahren im Pfälzerwald-Verein aktiv ist. Bei den interessanten und spannenden Ausflügen dieses Wanderführers wird die Geschichte der Pfalz lebendig. Man kann sehen, wie die Römer kelterten und Steine brachen, Burgen besteigen, zu markanten Felsen wandern oder mit der Grubenbahn in ein Kalkbergwerk fahren. Die dritte Auflage wurde vollständig überarbeitet und um einige neue Ziele erweitert.

96 Seiten, 29 Schwarzweißfotos, 14 Kartenskizzen

Ein Drittel der Fläche des Saarlandes ist mit Wald bedeckt, und neben landschaftlichen Schönheiten gibt es hier für Familien noch eine Menge anderer Dinge zu entdecken. Auf der Burgruine Montclair läßt die kindliche Phantasie die Lebens-welt der alten Ritter wiedererstehen und kleine Tierfreundinnen und -freunde kommen im Saarbrücker Wildpark und im Wolfsgehege bei Merzig auf ihre Kosten.

144 Seiten, 38 Schwarzweißfotos, 4 Kartenskizzen

Selbst wer glaubt, das Elsaß bereits gut zu kennen, findet im vorliegenden Wanderführer noch Neues und Interessantes. Kinder stellen oft andere Ansprüche an einen Aus-flugstag als Erwachsene, daher steht nicht nur die Besichtigung des Schiffshebewerks bei St. Louis auf dem Programm, sondern auch eine Abenteuerwanderung entlang des Kanals. Ein Besuch auf dem Straßburger Münster darf natürlich nicht fehlen und ein Ausflug auf den Affenberg bei Kintzheim, ins Spielzeugmuseum in Colmar oder ins Schaubergwerk „Erzgrube Nothweiler" begeistert alt und jung gleichermaßen.

144 Seiten, 31 Schwarzweißfotos

Ein Ausflug ins Sagenreich der Erdmännlein oder eine Fahrt im Bummelzug sind nur zwei von zahlreichen aufregenden Abenteuern, die im Südschwarzwald auf unternehmungslustige Familien warten. Lebendig und anschaulich schildert Birgit Mayer die Ausflüge und lädt dazu ein, den vielschichtigen Natur- und Kulturraum zu Fuß kennenzulernen. Viel Spaß bei der Entdeckungsreise!

132 Seiten, 29 Schwarzweißfotos, 10 Kartenskizze

Das gebirgige Land zwischen Werra und Fulda, zwischen dem Kreuzberg und dem Hessischen Kegelspiel hält eine Fülle an Überraschungen bereit. Die Rhön ist gerade für Kinder eine nahezu unerschöpfliche Fundgrube für immer neue Entdeckungen. Burgen und Klöster beflügeln als Überbleibsel längst vergangener Zeiten die Phantasie, und neben der reichen Flora und Fauna gibt es auch gewaltige Felsformationen zu bestaunen. Die zahlreichen Touren, die unser Autor Gerrit-Richard Ranft für Sie zusammengestellt hat, sind speziell auf die Bedürfnisse von Kindern ausgerichtet und werden durch einen ausführlichen Infoteil am Ende jedes Kapitels sinnvoll ergänzt.

120 Seiten, 27 Schwarzweißfotos

Im Harz unterwegs zu sein macht Spaß ... so unser Autor Wolfgang Knape. Wenn man seinen Tourenvorschlägen folgt, muß man ihm einfach zustimmen. In jeder Himmelsrichtung durchstreift er das nördlichste deutsche Mittel-gebirge. Dabei geht es durch wildromantische Felsentäler, vorbei an Burgen, Schlössern, tiefen Gruben und geheimnisvollen Höhlen, bis zu historischen Städten wie Goslar, den berühmten Harzer Schmalspur-bahnen oder dem Harzfalkenhof bei Bad Sachsa. Wüßten Sie nicht auch gerne, wo die Hexen tanzen oder wo man sogar im Sommer Schnee-männer bauen kann?

140 Seiten, 36 Schwarzweiß-fotos, 9 Kartenskizzen

Der Naturpark Fränkische Schweiz ist vor allem durch seine märchenhafte Landschaft bekannt. Unser Autor führt Sie und Ihre Kinder durch verwinkelte, schattige Täler und verwunschene Höhlen, zu romantischen Burgen und bizarren Felsformationen. Er gibt Ihnen aber auch nützliche Informationen zu Öffnungszeiten, Anreisemöglichkeiten u. v. m., mit denen sich ein Ausflug perfekt vorbereiten läßt.

132 Seiten, 33 Schwarzweiß-fotos

Unsere Autoren, seit Jahren als Wanderwarte im Fichtelgebirgsverein engagiert, wissen aus Erfahrung, was sowohl Kinder als auch Erwachsene begeistert: der Wackelstein zum Beispiel, ein Felsriese, den selbst Kinderhände mühelos bewegen können, eine rasante Fahrt mit der Sommer-rodelbahn und vieles mehr.